Loi de l'Attraction

15 Secrets et Stratégies Transformateurs pour Manifester Tout ce que Vous Rêvez dans Votre Vie

1

Introduction : La Puissance de la Loi de l'Attraction : Ce que Vous Allez Apprendre et Comment Utiliser ce Livre

Et si vous pouviez créer la vie dont vous avez toujours rêvé ? Et si vos pensées, émotions et croyances pouvaient façonner votre réalité, vous aidant ainsi à attirer l'abondance, l'amour, le succès et le bonheur ? C'est la promesse de la Loi de l'Attraction — un principe puissant qui a transformé d'innombrables vies. Et il peut transformer la vôtre aussi.

Ce livre est votre guide pour maîtriser la Loi de l'Attraction. Que vous soyez novice dans ce concept ou que vous pratiquiez depuis des années, vous y trouverez des stratégies pratiques, des exemples inspirants et des exercices concrets pour vous aider à exploiter cette loi universelle et manifester vos désirs les plus profonds.

Qu'est-ce que la Loi de l'Attraction ?

Au cœur de la Loi de l'Attraction, il y a une vérité simple : « le semblable attire le semblable ». L'énergie que vous envoyez dans l'univers par vos pensées, émotions et actions détermine ce que vous attirez en retour. Si vous vous concentrez sur la positivité, l'abondance et le succès, vous attirerez ces expériences dans votre vie. À l'inverse, en vous attardant sur la négativité, la peur ou le doute, vous créerez davantage de cela.

Mais la Loi de l'Attraction ne se limite pas à penser positivement — il s'agit d'aligner chaque aspect de vous-même avec vos objectifs. Cela signifie cultiver des croyances positives, passer à l'action inspirée, et avoir confiance dans le processus, même lorsque les résultats prennent du temps.

Pourquoi ce Livre ?

Il existe de nombreuses ressources sur la Loi de l'Attraction, mais ce livre adopte une approche unique en la décomposant en 15 stratégies claires et applicables. Ce ne sont pas des théories vagues ou des idées abstraites — ce sont des outils pratiques que vous pouvez appliquer immédiatement à votre vie. Que vous souhaitiez manifester la richesse, améliorer vos relations ou poursuivre votre développement personnel, ces stratégies vous guideront à chaque étape.

Vous trouverez également des exemples réels pour vous inspirer et des exercices pour vous aider à appliquer chaque concept à votre propre parcours. Ce livre est conçu pour être bien plus qu'une simple source d'information — c'est une feuille de route vers la transformation.

Ce que Vous Allez Apprendre

À la fin de ce livre, vous aurez une compréhension profonde de :

- Comment clarifier vos désirs et définir des intentions puissantes.
- Le rôle de vos croyances, émotions et actions dans la manifestation.
- Des techniques comme la visualisation, les affirmations et la gratitude pour amplifier votre énergie.
- Comment surmonter le doute, la résistance et les obstacles en cours de route.
- L'importance de votre environnement et de vos relations dans le soutien de votre parcours.
  Ces 15 secrets et stratégies transformatrices vous permettront de manifester tout ce dont vous rêvez dans votre vie.

À Qui S'adresse ce Livre ?

Ce livre s'adresse à toute personne qui :

- Souhaite attirer un changement positif dans sa vie mais ne sait pas par où commencer.
- Se sent bloquée ou incertaine sur la manière de réaliser ses rêves.
- A entendu parler de la Loi de l'Attraction mais a besoin d'une guidance pratique pour l'utiliser efficacement.
- Est prête à prendre la responsabilité de sa vie et à embrasser son rôle de créateur de sa réalité.

Peu importe d'où vous partez, ce livre vous rencontrera là où vous êtes et vous aidera à avancer avec clarté et confiance.

Comment Utiliser ce Livre

Les chapitres sont conçus pour se construire les uns sur les autres, il est donc préférable de les lire dans l'ordre. Cependant, n'hésitez pas à revenir sur des chapitres spécifiques chaque fois que vous avez besoin d'un rappel ou d'inspiration. À la fin de chaque chapitre, vous trouverez des exercices et des questions de réflexion pour vous aider à appliquer ce que vous avez appris. Prenez votre temps avec ces exercices — ce sont la clé pour transformer la connaissance en action.

Un Voyage de Transformation

La Loi de l'Attraction ne consiste pas seulement à atteindre vos objectifs — il s'agit de devenir la meilleure version de vous-même. En pratiquant les stratégies de ce livre, vous remarquerez des changements profonds non seulement dans vos circonstances extérieures mais aussi dans votre monde intérieur. Vous développerez une plus grande conscience de vous-même, une confiance accrue et une foi plus profonde en l'univers.

Rappelez-vous, la manifestation est un voyage, pas une destination. Il n'y a pas de raison de se précipiter. Chaque étape que vous franchissez vous rapproche de la vie que vous désirez.

Derniers Mots

Ce livre est une invitation à rêver plus grand, à avoir plus confiance et à prendre des actions inspirées pour la vie que vous méritez. Le pouvoir de créer votre réalité réside en vous. Vous êtes capable, digne et prêt à manifester vos rêves.

Êtes-vous prêt à découvrir les secrets de la Loi de l'Attraction et à transformer votre vie ? Commençons ce voyage ensemble. Les possibilités sont illimitées, et le moment de commencer, c'est maintenant.

Bienvenue dans un nouveau chapitre de votre vie — un chapitre rempli de but, d'abondance et de joie.

Commençons.

Chapitre 1 : Comprendre la Loi de l'Attraction – La Science et la Philosophie qui la Soutiennent

La Loi de l'Attraction est l'idée selon laquelle vos pensées, sentiments et croyances façonnent votre réalité. C'est un concept simple, mais qui peut profondément changer votre vie lorsqu'il est compris et appliqué correctement. Au cœur de cette loi, on dit que « ce qui est semblable s'attire » : ce sur quoi vous vous concentrez, vous l'attirez dans votre vie. Que vous en soyez conscient ou non, vous attirez constamment des personnes, des situations et des expériences en fonction de l'énergie que vous émettez.

Qu'est-ce que la Loi de l'Attraction ?

Pensez à votre esprit comme à un aimant. Lorsque vous vous concentrez sur des pensées positives, la gratitude et les possibilités, vous attirez naturellement des résultats positifs. En revanche, lorsque vous vous attardez sur la négativité, la peur ou le doute, vous êtes plus susceptible de rencontrer des défis et des obstacles.

Voici une façon simple de le voir : imaginez que vous êtes en train de vous accorder à une station de radio. Si vous voulez écouter de la musique pop, vous ne vous accorderiez pas à une station de musique classique, n'est-ce pas ? La Loi de l'Attraction fonctionne de la même manière. Vous devez aligner votre « fréquence » (pensées et émotions) avec ce que vous souhaitez attirer dans votre vie.

La Science Derrière Cela

Bien que la Loi de l'Attraction soit souvent liée à la spiritualité, la science soutient également certains de ses principes. Les neuroscientifiques ont étudié le Système Activant Réticulaire (SAR), une partie du cerveau qui filtre l'information. Le SAR vous fait remarquer les choses qui sont importantes pour vous. Par exemple, si vous décidez d'acheter une voiture rouge, vous commencerez peut-être soudainement à voir des voitures rouges partout. Cela ne signifie pas que plus de voitures rouges sont apparues, mais plutôt que votre cerveau se concentre désormais sur leur présence.

De la même manière, lorsque vous vous concentrez sur vos objectifs et désirs, votre esprit devient plus conscient des opportunités et des chemins qui peuvent y mener. Cette concentration est ce qui vous permet d'agir avec inspiration et de créer la vie que vous désirez.

Pourquoi cela fonctionne-t-il ?

La Loi de l'Attraction fonctionne parce qu'elle influence à la fois votre esprit subconscient et vos actions conscientes. Lorsque vous croyez qu'une chose est possible et que vous vous sentez positif à ce sujet, vous faites naturellement des choix qui soutiennent cette croyance. Cela ne signifie pas que vous vous asseyez et attendez que les choses arrivent. Au contraire, il s'agit de combiner des intentions claires avec des actions alignées.

Par exemple, pensez à quelqu'un qui souhaite démarrer une entreprise prospère. S'ils se concentrent sur des peurs comme l'échec ou le rejet, ils pourraient éviter de prendre des risques, manquer des opportunités ou se saboter eux-mêmes. Mais s'ils croient en leur succès et restent concentrés sur leurs objectifs, ils prendront probablement des mesures audacieuses, reconnaîtront les opportunités et persisteront à travers les défis.

Exemples de la Loi de l'Attraction en Action

Une Percée Carrière :
Imaginez quelqu'un qui veut un nouveau travail. Au lieu de penser : « Je ne trouverai jamais mieux », il se concentre sur : « Je suis capable et mérite un travail incroyable. » Il met à jour son CV, se réseau avec confiance et finit par décrocher le poste parfait.

Améliorer les Relations :
Une personne qui rencontre des difficultés relationnelles pourrait changer son état d'esprit de « Je rencontre toujours les mauvaises personnes » à « J'attire des partenaires aimants et soutenants. » Ce changement positif l'aide à poser des limites, mieux communiquer et établir des relations plus saines.

Exercice de Réflexion : Découvrez Vos Modèles

Prenez un moment pour réfléchir à vos pensées et croyances actuelles. Demandez-vous :

- Sur quoi me concentrai-je le plus chaque jour ?
- Mes pensées sont-elles plutôt positives ou négatives ?
- Quelle sorte d'énergie est-ce que j'émets vers le monde ?

Notez vos réponses dans un carnet. Cet exercice vous aidera à prendre conscience des schémas que vous créez dans votre vie.

Exercice : Changez Votre Focalisation

Identifiez un désir ou un objectif que vous avez (par exemple, trouver un nouveau travail, améliorer votre santé, ou construire de meilleures relations).
Notez vos pensées actuelles à propos de cet objectif. Par exemple :

- Pensée actuelle : « C'est tellement difficile de trouver un bon travail. »
- Remplacement positif : « Le bon travail est en route et je suis prêt à le recevoir. »

Consacrez cinq minutes chaque jour à vous concentrer sur cette pensée positive. Fermez les yeux et imaginez comment vous vous sentiriez en atteignant cet objectif. Plus vous pratiquerez, plus vous changerez votre état d'esprit et attirerez ce que vous désirez.

Points Clés à Retenir

- La Loi de l'Attraction consiste à aligner vos pensées, vos sentiments et vos actions avec ce que vous souhaitez.
- Comme un aimant, votre esprit attire ce sur quoi vous vous concentrez, que ce soit positif ou négatif.
- En prenant conscience de vos pensées et croyances, vous pouvez diriger consciemment votre énergie pour créer la vie que vous désirez.
- Des principes scientifiques, comme le Système Activant Réticulaire, montrent comment la concentration et l'intention façonnent notre réalité.

En comprenant les bases de la Loi de l'Attraction, vous avez fait le premier pas pour exploiter son pouvoir. Les prochains chapitres vous guideront à travers les secrets et stratégies pour faire en sorte que cette loi fonctionne pour vous. Rappelez-vous, tout commence avec votre état d'esprit. Sur quoi vous concentrerez-vous aujourd'hui ?

Chapitre 2 : Les Croyances dans la Manifestation – Identifier les Croyances Limitées et Construire des Croyances Épanouissantes

Vos croyances sont comme les fondations d'une maison – elles soutiennent tout ce que vous construisez dans votre vie. Si vos croyances sont fortes et positives, vous pouvez créer une vie pleine de joie, de succès et d'abondance. Mais si elles sont faibles ou négatives, elles peuvent vous empêcher d'atteindre vos objectifs. Dans ce chapitre, nous explorerons comment vos croyances façonnent votre réalité et comment remplacer les croyances limitantes par des croyances épanouissantes.

Qu'est-ce que les croyances ?

Les croyances sont des idées que vous tenez pour vraies, souvent sans même les remettre en question. Elles peuvent venir de votre famille, de votre culture, de vos expériences personnelles ou des choses que les gens vous ont dites pendant votre enfance. Par exemple, si vous avez souvent entendu des phrases comme : « L'argent ne pousse pas sur les arbres », vous pourriez croire que la richesse est difficile à atteindre.

La Loi de l'Attraction fonctionne mieux lorsque vos croyances correspondent à vos désirs. Si vous voulez manifester le succès mais que vous croyez secrètement que vous ne le méritez pas, vos croyances contradictoires bloqueront vos progrès.

Comment les croyances limitantes vous freinent

Les croyances limitantes sont des idées négatives qui restreignent ce que vous pensez pouvoir accomplir. Elles se manifestent souvent sous forme de doutes ou de peurs. Voici quelques exemples courants de croyances limitantes et de leurs effets :

- **Croyance limitante :** « Je ne suis pas assez intelligent(e). »
  Effet : Vous évitez de postuler à des opportunités qui pourraient mener au succès.

- **Croyance limitante :** « Les bonnes choses ne m'arrivent jamais. »
  Effet : Vous vous concentrez sur les aspects négatifs et passez à côté des positifs dans votre vie.

- **Croyance limitante :** « Je ne mérite pas d'être heureux(se). »
  Effet : Vous pourriez saboter votre propre bonheur, même lorsque les choses vont bien.

Exemple : L'histoire de Jane

Jane a toujours voulu créer sa propre entreprise, mais elle croyait qu'elle n'était pas bonne pour gérer l'argent. Cette croyance venait des disputes qu'elle entendait entre ses parents sur les finances pendant son enfance. Chaque fois qu'elle tentait d'établir un budget ou un plan, elle se sentait dépassée et abandonnait. Une fois qu'elle a identifié cette croyance et travaillé à la changer, elle a réalisé qu'elle pouvait apprendre à gérer ses finances. Aujourd'hui, elle gère une boutique en ligne prospère.

Comment identifier vos croyances limitantes

La première étape pour changer vos croyances est d'en prendre conscience. Voici un exercice pour vous aider à découvrir vos croyances limitantes :

1. Réfléchissez à un objectif que vous souhaitez atteindre. Écrivez-le. Exemple : « Je veux gagner plus d'argent. »

2. Demandez-vous : Pourquoi n'ai-je pas encore atteint cet objectif ? Écrivez vos réponses. Exemple : « Je ne suis pas doué(e) avec l'argent » ou « Je ne suis pas assez talentueux(se). »

3. Regardez vos réponses. Ce sont vos croyances limitantes.

Invitation à la réflexion :

- Qu'est-ce que je crois sur moi-même et mes capacités ?
- Ces croyances m'aident-elles ou me freinent-elles ?

Comment remplacer les croyances limitantes

Une fois que vous avez identifié une croyance limitante, vous pouvez commencer à la remplacer par une croyance épanouissante. Voici comment faire :

1. **Remettre en question la croyance :** Demandez-vous : « Est-ce vraiment vrai ? » Souvent, vous découvrirez que cette croyance est fondée sur la peur, et non sur la réalité. Exemple : Si vous pensez « Je ne suis pas assez talentueux(se) », pensez aux moments où vous avez réussi malgré vos doutes.

2. **Réécrire la croyance :** Transformez la croyance négative en une croyance positive et épanouissante.

- o Croyance limitante : « Je ne suis pas doué(e) avec l'argent. »
- o Croyance épanouissante : « Je suis capable d'apprendre à gérer l'argent de manière sage. »

3. **Pratiquer votre nouvelle croyance :** Répétez cette croyance épanouissante chaque jour. Vous pouvez l'écrire sur des post-it, la dire devant un miroir, ou l'utiliser comme affirmation quotidienne.

Exercice : Inverser vos croyances

Prenez une croyance limitante et transformez-la en une croyance épanouissante en suivant les étapes ci-dessus. Par exemple :

- Croyance limitante : « Je ne trouverai jamais un bon partenaire. »
- Croyance épanouissante : « Je suis digne d'amour et j'attirerai un partenaire merveilleux. »

Écrivez votre nouvelle croyance dans un journal et décrivez comment votre vie changera lorsque vous l'adopterez pleinement.

Construire des croyances épanouissantes

Les croyances épanouissantes sont des pensées positives qui vous aident à grandir et à atteindre vos objectifs. Voici quelques exemples de croyances épanouissantes :

- « Je suis capable d'accomplir tout ce que je décide. »
- « J'attire le succès et l'abondance dans ma vie. »
- « Je suis digne d'amour, de bonheur et d'épanouissement. »

Ces croyances servent de guide pour vos actions et vous aident à rester concentré sur vos objectifs.

Points clés à retenir

- Vos croyances façonnent votre réalité. Les croyances positives ouvrent des portes, tandis que les croyances limitantes vous freinent.
- Identifier les croyances limitantes est la première étape pour les changer.
- Remplacez les croyances limitantes par des croyances épanouissantes et pratiquez-les quotidiennement.
- Construire des croyances épanouissantes vous aide à aligner vos pensées et vos actions avec vos objectifs.

Changer vos croyances demande du temps et des efforts, mais cela en vaut la peine. Au fur et à mesure que vous remplacez les anciennes croyances limitantes par de nouvelles croyances épanouissantes, vous constaterez à quel point il devient plus facile de manifester la vie que vous désirez. Quelle croyance épanouissante allez-vous commencer à pratiquer dès aujourd'hui ?

Chapitre 3 : La Clarté est Puissance – Définir Vos Désirs avec Précision

Lorsqu'il s'agit de la Loi de l'Attraction, la clarté est essentielle. Si vous ne savez pas ce que vous voulez vraiment, comment pouvez-vous espérer l'obtenir ? Considérez vos désirs comme une destination et vos pensées et actions comme le GPS qui vous y guide. Sans destination claire, vous errerez sans but. Dans ce chapitre, vous apprendrez à définir vos désirs avec clarté et précision afin de les manifester efficacement.

Pourquoi la Clarté est Importante Imaginez que vous allez dans un restaurant et que vous dites au serveur : « Je veux de la nourriture. » Le serveur vous demanderait probablement : « Quel type de nourriture ? Un burger ? Une salade ? Autre chose ? » Si vous n'êtes pas clair, vous pourriez finir avec quelque chose que vous ne voulez pas. Il en va de même pour la manifestation. Des désirs vagues mènent à des résultats vagues. Par exemple : Désir Vague : « Je veux être heureux. » Désir Clair : « Je veux me sentir joyeux et énergique chaque matin lorsque je me réveille. » Plus vous êtes clair, plus il est facile d'aligner vos pensées, émotions et actions avec vos objectifs.

Comment Définir Vos Désirs Soyez Spécifique
Réfléchissez précisément à ce que vous voulez. Au lieu de dire : « Je veux plus d'argent », décidez combien vous en voulez et pourquoi. Par exemple :
« Je veux gagner 5 000 $ supplémentaires chaque mois afin de pouvoir économiser pour une maison et emmener ma famille en vacances. »

Concentrez-vous sur le Ressenti

Ce n'est pas seulement ce que vous voulez, mais aussi ce que cela vous fera ressentir. Voulez-vous de l'argent pour vous sentir en sécurité ? Voulez-vous de l'amour pour vous sentir chéri ? Identifiez les émotions derrière vos désirs. Exemple : « Je veux me sentir libre et confiant en remboursant mes dettes. »

Écrivez-le

Écrire vos désirs les rend réels et vous donne quelque chose sur quoi vous concentrer. Utilisez un carnet ou un carnet de manifestation pour décrire vos désirs en détail.

Le Pouvoir de la Visualisation

Une fois que vous savez ce que vous voulez, la visualisation peut vous aider à voir et ressentir vos désirs comme s'ils étaient déjà réels. Votre esprit ne fait pas la différence entre une expérience vivante imaginée et une expérience réelle, donc la visualisation vous aide à aligner votre énergie avec vos désirs.

Exemple :

Si vous visualisez votre maison de rêve, imaginez-vous en train de la parcourir. Visualisez la couleur des murs, le mobilier, l'odeur des fleurs fraîches sur la table. Ressentez la joie et le confort d'être dans cet espace. Plus votre visualisation est détaillée, plus elle devient puissante.

Erreurs Courantes dans la Définition des Désirs
Être Trop Vague

Dire « Je veux être successful » est trop vague. Le succès signifie des choses différentes pour des personnes différentes. Est-ce obtenir une promotion, démarrer une entreprise, ou autre chose ? Soyez précis.

Se Concentrer sur Ce Que Vous Ne Voulez Pas

Beaucoup de gens se concentrent sur l'évitement de ce

qu'ils n'aiment pas, au lieu d'attirer ce qu'ils veulent. Exemple : au lieu de dire « Je ne veux pas être fauché », dites « Je veux avoir de la stabilité financière et de l'abondance. »

Ne Pas Croire que Vous Le Méritez
Même avec un objectif clair, si vous ne croyez pas que vous le méritez, vous bloquerez votre progrès. Travaillez sur l'acceptation de l'idée que vous êtes digne de vos désirs.

Exercice : Créez Votre Déclaration de Désir Clair
Suivez ces étapes pour créer une déclaration claire pour l'un de vos désirs :

1. Écrivez ce que vous voulez en une phrase.
   Exemple : « Je veux ouvrir une boulangerie prospère. »
2. Ajoutez des détails.
   « Je veux ouvrir une boulangerie qui gagne 10 000 $ par mois, spécialisée dans les gâteaux bio, et qui sert un groupe fidèle de clients heureux. »
3. Décrivez comment vous vous sentirez lorsque vous l'aurez accompli.
   « Je me sentirai fier, épanoui et excité de partager mes créations avec les autres. »
4. Écrivez votre déclaration finale et lisez-la tous les jours.

Question de Réflexion : Que Voulez-Vous Vraiment ?
Prenez un moment pour réfléchir à vos désirs les plus profonds. Demandez-vous :
Que veux-je dans ma carrière, mes relations, ma santé ou mon développement personnel ?
Pourquoi veux-je ces choses ? Quelles émotions ou

expériences recherche-je ?

Écrivez vos réponses dans un journal. Cette clarté vous aidera à avancer avec intention.

Exemple Réel : L'Histoire de John

John voulait perdre du poids, mais il se contentait de dire « Je veux juste être en bonne santé ». Il n'avait pas de plan clair ni d'image précise de ce que la santé signifiait pour lui. Après avoir appris le pouvoir de la clarté, John a décidé d'un objectif spécifique : « Je veux perdre 20 livres en 3 mois, faire de l'exercice 5 fois par semaine et me sentir plus énergique et confiant. » Avec cette vision claire, il a commencé à planifier ses repas et à s'entraîner régulièrement. Trois mois plus tard, il avait atteint son objectif.

Points Clés à Retenir

La clarté est la première étape pour manifester vos désirs. Plus vos objectifs sont spécifiques et détaillés, plus il est facile de les attirer.

Concentrez-vous sur ce que vous voulez, pas ce que vous ne voulez pas.

La visualisation et l'émotion amplifient vos efforts de manifestation.

Écrire vos désirs les rend plus réels et actionnables.

Définir vos désirs, c'est comme dessiner une carte vers la vie de vos rêves. Une fois que vous savez où vous allez, le voyage devient beaucoup plus facile. Sur quoi allez-vous vous concentrer aujourd'hui ? N'oubliez pas, la clarté est puissance — utilisez-la pour créer la vie que vous désirez vraiment.

Chapitre 4 : Le Pouvoir de la Visualisation – Créer une Image Mentale Claire de Vos Objectifs

La visualisation est l'un des outils les plus puissants pour manifester vos désirs. Lorsque vous imaginez vos objectifs de manière vivante, vous envoyez un message fort à votre subconscient et à l'univers sur ce que vous voulez. La visualisation vous aide à ressentir et à agir comme si vous aviez déjà ce que vous désirez, alignant ainsi votre énergie avec la Loi de l'Attraction.

Dans ce chapitre, nous explorerons comment fonctionne la visualisation, pourquoi elle est efficace, et comment vous pouvez la pratiquer pour transformer vos rêves en réalité.

Qu'est-ce que la Visualisation ?
La visualisation est le processus de création d'une image mentale détaillée de ce que vous souhaitez accomplir. Ce n'est pas simplement rêver éveillé, c'est une imagination concentrée avec un but précis. Lorsque vous visualisez, vous engagez vos sens et vos émotions pour rendre l'expérience aussi réelle que possible dans votre esprit.

Par exemple, si vous voulez acheter votre voiture de rêve, ne vous contentez pas de penser à cela. Imaginez-vous assis dans le siège du conducteur, tenant le volant, entendant le bruit du moteur et ressentant l'excitation de la conduire. Plus l'image est claire et chargée d'émotion, plus son impact sera fort.

Pourquoi la Visualisation Fonctionne
La visualisation fonctionne pour deux raisons principales :

- **Elle active votre subconscient**
  Votre subconscient ne distingue pas la réalité de

l'imagination. Lorsque vous visualisez, votre esprit commence à croire que c'est déjà vrai. Cette croyance influence vos actions, décisions et votre confiance, vous aidant à avancer vers vos objectifs.

- **Elle renforce votre concentration**
La visualisation vous aide à rester concentré sur ce que vous voulez. Lorsque vous avez une image mentale claire, vous êtes plus à même de remarquer les opportunités et de prendre des actions qui sont en accord avec vos désirs.

Preuves scientifiques :
Des études montrent que la visualisation peut améliorer la performance. Par exemple, les athlètes utilisent souvent la visualisation pour répéter mentalement leurs jeux ou routines. La recherche a trouvé que la pratique mentale peut améliorer les performances physiques presque autant que la pratique réelle.

Comment Visualiser Efficacement

- **Créez une image claire**
Soyez spécifique sur ce que vous voulez. Plus votre visualisation est détaillée, mieux c'est. Si vous visualisez votre maison de rêve, imaginez la couleur des murs, le mobilier, la vue depuis les fenêtres, et même l'odeur des fleurs fraîches dans la pièce.

- **Engagez tous vos sens**
La visualisation ne se limite pas à la vue. Impliquez tous vos sens :
  - Que voyez-vous ?
  - Que entendez-vous ?
  - Que ressentez-vous, goûtez-vous, ou sentez-vous ?
  - Comment cela vous fait-il sentir émotionnellement ?

- **Ressentez les émotions**
  Les émotions sont le carburant de la visualisation.
  Lorsque vous ressentez la joie, l'excitation ou la
  gratitude d'avoir atteint votre objectif, vous alignez
  votre énergie avec ce que vous voulez.
- **Pratiquez quotidiennement**
  Consacrez au moins 5 à 10 minutes par jour à
  visualiser vos objectifs. Le matin ou avant de vous
  coucher est idéal, car votre esprit est plus réceptif à
  ces moments.

Exercice : Votre Séance de Visualisation

Trouvez un endroit calme où vous ne serez pas dérangé.
Asseyez-vous ou allongez-vous confortablement et fermez
les yeux.

Prenez quelques respirations profondes pour détendre votre
esprit et votre corps.

Visualisez votre objectif comme s'il était déjà atteint.

Imaginez chaque détail : où vous êtes, qui est avec vous, ce
qui se passe autour de vous.

Ressentez les émotions du succès – joie, fierté, gratitude ou
excitation.

Restez dans cette scène mentale pendant 5 à 10 minutes.

Lorsque vous avez terminé, ouvrez les yeux et écrivez votre
expérience dans votre journal.

Exemple : L'Histoire de Sarah

Sarah voulait devenir conférencière motivationnelle, mais
elle était trop timide pour commencer. Elle a commencé à
se visualiser parlant avec confiance devant de grandes
foules. Elle s'imaginait sur scène, entendant les
applaudissements, et ressentant de la fierté. Au fil du temps,
sa confiance a grandi, et elle a commencé à faire de petits
pas, comme parler lors d'événements locaux. Aujourd'hui,
Sarah est une conférencière à succès, et elle attribue la
visualisation comme une part clé de son parcours.

Prompt de Réflexion : Visualisez Votre Vie Rêvée

Prenez un moment pour réfléchir à un objectif que vous souhaitez atteindre. Demandez-vous :

- À quoi ressemble-t-il quand j'atteins cet objectif ?
- Comment cela me fait-il sentir ?
- Qui est avec moi et que se passe-t-il autour de moi ?
  Écrivez vos réponses dans un journal et utilisez-les comme base pour votre pratique quotidienne de visualisation.

Erreurs Courantes en Visualisation

- **Être vague**
  Si votre image mentale est floue, il sera plus difficile de concentrer votre énergie. Soyez précis sur ce que vous voulez.
- **Douter du processus**
  Si vous visualisez mais doutez secrètement que cela fonctionnera, vous bloquez votre énergie. Faites confiance au processus et croyez en votre capacité à manifester.
- **Omettre les émotions**
  La visualisation sans émotion est comme une voiture sans carburant. Ressentez la joie et l'excitation d'atteindre votre objectif comme si c'était déjà réel.

Principaux Enseignements

- La visualisation est un moyen puissant d'aligner votre énergie avec vos désirs.
- Soyez clair, spécifique et détaillé dans vos images mentales.
- Engagez tous vos sens et émotions pour rendre l'expérience vivante.

- Pratiquez quotidiennement pour renforcer votre concentration et votre croyance en vos objectifs.

La visualisation est comme planter une graine dans votre esprit. Avec une concentration et des soins constants, cette graine grandit pour devenir la réalité que vous désirez. Que visualiserez-vous aujourd'hui ? Fermez les yeux, imaginez votre vie rêvée et sachez que vous êtes un pas plus près de la rendre réelle.

Chapitre 5 : Les affirmations qui fonctionnent – Créer des déclarations positives pour réussir

Les mots ont un pouvoir immense. La façon dont vous vous parlez façonne vos pensées, vos émotions et vos actions. Les affirmations sont des déclarations positives et courtes qui vous aident à concentrer votre énergie et à aligner vos pensées avec vos désirs. Lorsqu'elles sont utilisées efficacement, les affirmations peuvent reprogrammer votre esprit subconscient, remplaçant les croyances négatives par des croyances valorisantes.

Dans ce chapitre, nous explorerons comment créer et utiliser des affirmations qui fonctionnent réellement, avec des exemples pratiques et des exercices pour vous aider à exploiter leur pouvoir.

Qu'est-ce que les affirmations ?

Les affirmations sont comme des graines que vous plantez dans votre esprit. Ce sont des déclarations positives rédigées au présent, conçues pour vous aider à croire en la possibilité d'atteindre vos objectifs. Lorsqu'elles sont répétées régulièrement, les affirmations façonnent votre état d'esprit, vous aidant à vous sentir confiant et motivé.

Par exemple :

Pensée négative : « Je ne serai jamais successful. »

Affirmation : « Je suis capable de réussir et d'attirer l'abondance dans ma vie. »

Les affirmations déplacent votre attention du doute de soi vers la confiance en soi, créant l'environnement mental et émotionnel nécessaire à la manifestation.

Pourquoi les affirmations fonctionnent

Elles reprogramment votre état d'esprit
Votre cerveau a une capacité appelée neuroplasticité, ce qui
signifie qu'il peut changer et s'adapter. Lorsque vous
répétez des affirmations, vous renforcez les voies
neuronales associées à des croyances positives.
Elles modifient votre énergie
Les affirmations positives élèvent votre vibration
émotionnelle, vous aidant à vous sentir en harmonie avec
les résultats que vous désirez.
Elles encouragent l'action
Les affirmations renforcent votre confiance et votre
motivation, vous inspirant à prendre des mesures qui
rapprochent vos objectifs.

Comment créer des affirmations efficaces

Restez positif
Concentrez-vous sur ce que vous voulez, et non sur ce que
vous voulez éviter.
Exemple : Au lieu de « Je ne veux pas échouer », dites
« J'ai confiance en ma capacité à réussir ».
Utilisez le présent
Rédigez vos affirmations comme si votre désir était déjà en
train de se réaliser.
Exemple : « Je suis en bonne santé et plein d'énergie »
plutôt que « Je serai en bonne santé un jour ».
Soyez spécifique
Plus votre affirmation est détaillée, plus son impact sera
fort.
Exemple : « Je gagne 5000 $ par mois en faisant un travail
que j'adore » plutôt que « Je veux plus d'argent ».
Ajoutez des émotions
Ajoutez des sentiments à vos affirmations pour les rendre
plus puissantes.

Exemple : « Je suis profondément reconnaissant pour mes relations heureuses et aimantes. »

Exemples d'affirmations

Carrière : « Je suis confiant, compétent et en train d'atteindre mes objectifs professionnels. »
Santé : « Je suis en bonne santé, fort et plein de vitalité. »
Relations : « J'attire des personnes aimantes et soutenantes dans ma vie. »
Abondance : « J'attire la richesse et l'abondance sans effort. »

Comment utiliser les affirmations

Répétez-les chaque jour
Répétez vos affirmations à voix haute ou dans votre esprit chaque matin et avant de vous coucher. La constance est essentielle.
Écrivez-les
Écrivez vos affirmations dans un journal chaque jour. L'acte d'écrire les renforce dans votre esprit.
Associez-les à la visualisation
Combinez les affirmations avec la visualisation pour un impact plus important. Par exemple, en affirmant « Je vis dans la maison de mes rêves », imaginez-vous en train de marcher dans cette maison.
Parlez avec conviction
Même si vous ne croyez pas complètement à l'affirmation au début, dites-la avec confiance. Avec le temps, votre esprit commencera à l'accepter comme une vérité.

Exercice : Créez vos affirmations personnelles

Suivez ces étapes pour créer des affirmations qui
correspondent à vos objectifs :

1. Écrivez une chose que vous souhaitez manifester
    (par exemple, un nouveau travail, une meilleure
    santé, ou plus de confiance).
2. Transformez-la en une déclaration positive au
    présent.
    Exemple d'objectif : « Je veux être plus confiant. »
    Affirmation : « Je suis confiant et je m'exprime
    avec aisance. »
3. Ajoutez des mots émotionnels pour la rendre plus
    puissante.
    « Je me sens fier et enthousiaste de parler avec
    confiance dans toutes les situations. »
4. Répétez votre affirmation chaque jour et remarquez
    comment elle commence à influencer vos pensées et
    vos actions.

Exemple réel : Le parcours de Mia

Mia luttait contre le doute de soi au travail. Elle pensait
souvent : « Je ne suis pas assez bonne pour ce travail. »
Après avoir appris les affirmations, elle a commencé à
dire : « Je suis compétente, capable et mérite le succès. »
Au début, elle se sentait un peu ridicule, mais avec le
temps, elle a remarqué un changement. Elle est devenue
plus confiante lors des réunions et a commencé à prendre
de nouveaux projets. En six mois, elle a reçu une
promotion.

Question de réflexion : Votre dialogue intérieur

Prenez un moment pour réfléchir à la façon dont vous vous
parlez. Demandez-vous :

- Quelles pensées négatives répétez-vous à propos de vous-même ?
- Comment pouvez-vous transformer ces pensées en affirmations positives ?
  Écrivez trois affirmations que vous vous engagez à utiliser quotidiennement.

Erreurs courantes avec les affirmations

Être irréaliste
Bien que les affirmations doivent élargir vos croyances, elles ne doivent pas sembler impossibles. Commencez par quelque chose que vous pouvez imaginer comme vrai.

Manque d'émotion
Dire des affirmations mécaniquement sans les ressentir n'aura pas le même impact. Engagez vos émotions.

Inconsistance
Utiliser les affirmations de manière occasionnelle ne donnera pas de résultats. Faites-en une habitude quotidienne.

Points clés à retenir

- Les affirmations sont des outils puissants pour reprogrammer votre esprit et attirer vos désirs.
- Écrivez vos affirmations au présent, en vous concentrant sur ce que vous voulez et en ajoutant des émotions.
- Répétez vos affirmations chaque jour, en les combinant avec la visualisation pour un effet maximal.
- La constance et la conviction sont essentielles pour que les affirmations fonctionnent.

Les affirmations vous aident à changer votre état d'esprit et à vous aligner avec les résultats que vous désirez. En les utilisant régulièrement, vous remarquerez des changements

positifs dans la façon dont vous pensez, ressentez et
agissez. Quelles affirmations commencerez-vous à utiliser
aujourd'hui ? Commencez dès maintenant et observez la
transformation de votre vie !

Chapitre 6 : L'émotion comme catalyseur – Utiliser l'énergie émotionnelle pour favoriser la manifestation

Les émotions sont le carburant qui alimente la Loi de l'Attraction. Tandis que les pensées vous aident à clarifier ce que vous désirez, c'est l'énergie de vos émotions qui transforme ces désirs en réalité. Pensez aux émotions comme à la force magnétique qui attire vos objectifs vers vous. Plus votre énergie émotionnelle est forte et positive, plus vous manifesterez rapidement et efficacement vos rêves.

Dans ce chapitre, nous explorerons pourquoi les émotions sont si puissantes, comment puiser dans l'énergie émotionnelle positive et comment gérer les émotions négatives qui pourraient bloquer votre progrès.

Pourquoi les émotions sont-elles importantes dans la manifestation ?

Vos émotions déterminent votre fréquence vibratoire. Les émotions positives comme la joie, l'amour et la gratitude créent une haute vibration, ce qui vous aligne avec l'abondance et le succès. Les émotions négatives comme la peur, la colère ou le doute créent une faible vibration, ce qui attire des défis ou bloque vos objectifs.

Imaginez cela comme la recherche d'une fréquence radio. Si vous voulez entendre de la musique motivante, vous devez vous accorder sur la bonne fréquence. De même, pour attirer des expériences positives, vous devez aligner vos émotions avec l'énergie de vos désirs.

Exemple : L'histoire d'Anna

Anna voulait lancer sa propre entreprise, mais elle se sentait souvent stressée et pleine de doutes. À chaque fois qu'elle pensait à son objectif, elle s'inquiétait de l'échec. Ses émotions à basse vibration la rendaient hésitante et l'empêchaient de passer à l'action.

Après avoir appris l'importance de l'alignement émotionnel, Anna a commencé à se concentrer sur l'excitation et la liberté que lui apporterait son entreprise. Elle a pratiqué la gratitude pour son futur succès, même avant qu'il n'arrive. Son énergie a changé, et en quelques mois, elle a lancé son entreprise avec confiance.

Comment exploiter les émotions positives

Identifiez l'émotion que vous voulez ressentir

Demandez-vous : "Comment me sentirai-je lorsque j'atteindrai mon objectif ?" Vous sentirez-vous joyeux, serein, confiant, ou fier ? Savoir cela vous aide à créer cette émotion maintenant.

Pratiquez pour ressentir cette émotion

Fermez les yeux et imaginez-vous vivant votre rêve. Visualisez-le en détail et concentrez-vous sur la façon dont cela vous fait ressentir. Laissez cette émotion remplir votre esprit et votre corps. Plus vous pratiquez, plus il devient facile de maintenir cette énergie positive.

Utilisez la gratitude comme raccourci

La gratitude est l'une des émotions les plus élevées en vibration. Lorsque vous vous concentrez sur ce pour quoi vous êtes reconnaissant, vous attirez davantage de choses pour lesquelles être reconnaissant. Commencez votre journée en énumérant trois choses pour lesquelles vous êtes reconnaissant, grandes ou petites.

Exercice : Pratique de l'alignement émotionnel

1. Écrivez un objectif sur lequel vous travaillez (par exemple, "Je veux améliorer ma santé").
2. Demandez-vous : "Comment me sentirai-je lorsque cet objectif se réalisera ?" Écrivez les émotions (par exemple, "Je me sentirai énergique, heureux et fier").
3. Passez cinq minutes chaque jour à imaginer votre objectif déjà réalisé. Concentrez-vous sur ces émotions et laissez-les vous remplir de joie et d'excitation.

Gérer les émotions négatives

Les émotions négatives font partie de la vie. L'essentiel est de ne pas les ignorer, mais de les traiter et de les transformer. Voici comment faire :

- **Reconnaître l'émotion**
  Lorsque vous ressentez du doute, de la peur ou de la frustration, ne les rejetez pas. Au contraire, demandez-vous : "Que essaie de me dire cette émotion ?" Souvent, les émotions négatives mettent en lumière des domaines dans lesquels vous devez grandir ou changer.

- **Remplacer les pensées négatives**
  Challengez les pensées à l'origine de vos émotions négatives. Par exemple :

  - Pensée négative : "Je ne suis pas assez bon pour réussir."
  - Pensée positive de remplacement : "Je suis capable et j'apprends chaque jour."

- **Changez votre énergie**
  Utilisez des actions simples pour augmenter votre
  vibration, comme écouter de la musique inspirante,
  passer du temps dans la nature, méditer ou faire
  quelque chose que vous aimez.

Réflexion : Conscience émotionnelle

Prenez un moment pour réfléchir à vos émotions actuelles.
Demandez-vous :

- Quelles émotions ressentez-vous le plus souvent
  lorsque vous pensez à vos objectifs ?
- Ces émotions vous aident-elles ou vous freinent-
  elles ?
  Écrivez vos réponses dans un journal. Si vous
  remarquez des émotions négatives, réfléchissez à la
  manière dont vous pouvez les transformer en
  émotions positives.

Comment les émotions façonnent vos actions

Vos émotions n'affectent pas seulement votre énergie, elles
influencent également ce que vous faites. Lorsque vous
vous sentez confiant et enthousiaste, vous êtes plus
susceptible de prendre des actions audacieuses vers vos
objectifs. Lorsque vous ressentez de la peur ou des doutes,
vous risquez de procrastiner ou d'abandonner.

Exemple : David voulait améliorer sa forme physique,
mais il se sentait gêné d'aller à la salle de sport. Sa peur du
jugement l'empêchait d'agir. Une fois qu'il s'est concentré
sur la fierté et la confiance qu'il ressentirait après s'être mis
en forme, son énergie a changé. Il a commencé petit en
s'entraînant chez lui, puis a finalement rejoint une salle de
sport sans crainte.

Conseils pour maintenir une énergie émotionnelle positive

- **Entourez-vous de positivité**
  Passez du temps avec des personnes qui vous soutiennent, lisez des livres inspirants et consommez du contenu qui élève votre esprit. Les influences positives vous aident à rester motivé et énergisé.

- **Célébrez les petites victoires**
  Reconnaissez et célébrez chaque étape vers votre objectif, même la plus petite. Chaque victoire renforce votre confiance et votre énergie émotionnelle.

- **Prenez soin de votre corps**
  La santé physique influence l'énergie émotionnelle. Mangez bien, faites de l'exercice régulièrement et dormez suffisamment pour maintenir une haute vibration.

Points essentiels à retenir

- Les émotions sont la force motrice de la Loi de l'Attraction. Les émotions positives augmentent votre vibration et vous alignent avec vos désirs.
- Visualiser vos objectifs et pratiquer la gratitude sont des moyens puissants de créer une énergie émotionnelle positive.
- Les émotions négatives sont naturelles, mais elles doivent être reconnues, traitées et transformées pour éviter de bloquer vos efforts de manifestation.

- Vos émotions façonnent vos actions. Maintenir un état émotionnel positif vous aide à rester motivé et concentré.

Vos émotions sont comme le vent dans vos voiles : elles déterminent jusqu'où et à quelle vitesse vous irez. En choisissant consciemment des émotions alignées avec vos objectifs, vous pouvez dynamiser votre parcours de manifestation. Quelles émotions choisirez-vous de cultiver aujourd'hui ? Rappelez-vous, l'énergie que vous ressentez est l'énergie que vous attirez !

La gratitude est l'une des émotions les plus puissantes que vous puissiez utiliser pour manifester vos rêves. Lorsque vous vous concentrez sur ce pour quoi vous êtes reconnaissant, vous élevez votre vibration, attirez davantage d'expériences positives et renforcez votre connexion avec l'univers. La gratitude agit comme un aimant : elle attire dans votre vie davantage de ce que vous appréciez.

Dans ce chapitre, nous explorerons pourquoi la gratitude est essentielle pour la manifestation, comment la pratiquer efficacement et comment elle peut transformer votre état d'esprit.

Pourquoi la Gratitude est Essentielle pour la Manifestation

La gratitude déplace votre attention de ce qui vous manque vers ce que vous possédez déjà. Ce changement de perspective crée un sentiment d'abondance, vous alignant ainsi avec l'énergie de vos désirs. L'univers répond à cette énergie en vous apportant encore plus de choses pour lesquelles vous pourrez être reconnaissant.

Exemple : Imaginez que vous essayez d'attirer le succès financier. Si vous vous concentrez sur des pensées comme « Je n'ai pas assez d'argent », vous envoyez une vibration de manque. Mais si vous vous concentrez sur la gratitude pour l'argent et les opportunités que vous avez déjà, vous attirez plus d'abondance dans votre vie.

Les Bénéfices de la Gratitude

Élève Votre Vibration
La gratitude est l'une des émotions à la vibration la plus élevée. Se sentir reconnaissant vous aide à rester positif et à être ouvert à recevoir vos désirs.

Reprogramme Votre Cerveau
La gratitude renforce les connexions neuronales liées à la positivité et au bonheur, facilitant ainsi le maintien d'un état d'esprit positif.

Renforce Votre Connexion à l'Univers
Lorsque vous exprimez de la gratitude, vous montrez de la confiance et de l'appréciation envers l'univers, renforçant ainsi le flux d'abondance.

Comment Pratiquer la Gratitude Quotidiennement

Commencez un Journal de Gratitude
Chaque jour, écrivez trois à cinq choses pour lesquelles vous êtes reconnaissant. Elles peuvent être grandes ou petites, comme votre santé, un mot gentil d'un ami, ou un coucher de soleil magnifique.

Utilisez des Affirmations de Gratitude
Répétez des affirmations centrées sur la reconnaissance. Par exemple :

- « Je suis profondément reconnaissant pour toutes les bénédictions dans ma vie. »

- • « Merci, univers, de me guider vers mes rêves. »

Exprimez de la Gratitude dans l'Instant

Tout au long de la journée, prenez un moment pour apprécier les choses au fur et à mesure qu'elles se produisent. Que ce soit en savourant un repas délicieux ou en écoutant votre chanson préférée, faites une pause pour dire « Merci. »

Visualisez avec Gratitude

Lorsque vous visualisez vos objectifs, ressentez de la gratitude comme si ces objectifs étaient déjà réalisés. Par exemple, si vous visualisez votre emploi de rêve, imaginez-vous en train de dire : « Je suis tellement reconnaissant pour cette incroyable opportunité. »

Exercice : Boost de Gratitude

Essayez cet exercice rapide de gratitude pour modifier votre état d'esprit :

1. Fermez les yeux et prenez une grande inspiration.
2. Pensez à une chose pour laquelle vous êtes véritablement reconnaissant. Visualisez-la dans votre esprit et ressentez les émotions de reconnaissance.
3. Dites à haute voix : « Merci pour [ce pour quoi vous êtes reconnaissant]. » Répétez cela pour trois choses différentes.
4. Remarquez comment votre humeur et votre énergie s'améliorent.

Exemple : L'Histoire de Mark

Mark se sentait bloqué dans sa vie. Il se concentrait souvent sur ce qui ne fonctionnait pas : un travail stressant, des difficultés financières, et un sentiment de vide. Un jour, il décida d'essayer le journal de gratitude. Chaque matin, il écrivait trois choses pour lesquelles il était reconnaissant. Au début, c'était difficile, mais au fil du temps, il commença à remarquer de petites bénédictions : un ami soutenant, une journée productive, ou même simplement un après-midi ensoleillé. Sa perspective changea, tout comme ses circonstances. Quelques mois plus tard, Mark obtint un nouveau travail et commença à se sentir plus optimiste quant à son avenir.

Question de Réflexion : Inventaire de Gratitude

Prenez un moment pour réfléchir aux éléments suivants :

- Quelles sont les trois choses de votre vie pour lesquelles vous êtes reconnaissant en ce moment ?
- Comment vous sentez-vous en vous concentrant sur la gratitude ? Écrivez vos réponses dans un journal. Cette pratique vous aide à instaurer une habitude de reconnaissance.

Comment la Gratitude Transforme les Défis

La gratitude n'est pas seulement pour les bons moments. C'est aussi un outil puissant pour surmonter les défis. Lorsque vous traversez une période difficile, trouver quelque chose pour lequel être reconnaissant vous aide à changer de perspective. Cela vous rappelle que même dans les moments difficiles, il y a des choses à apprécier.

Exemple : Si vous avez des difficultés avec un projet au travail, vous pourriez vous concentrer sur la gratitude pour l'occasion d'apprendre et de grandir, ou pour le soutien de vos collègues. Cet état d'esprit vous aide à aborder les défis avec plus de résilience.

Conseils pour Faire de la Gratitude une Habitude

Fixez un Rappel Quotidien
Programmez un moment chaque jour – le matin, à l'heure du déjeuner, ou avant de vous coucher – pour pratiquer la gratitude. La constance est essentielle.

Impliquez les Autres
Partagez votre gratitude avec vos proches. Dites à quelqu'un que vous l'appréciez ou encouragez-le à partager ce pour quoi il est reconnaissant.

Célébrez les Petites Réussites
Reconnaissez et soyez reconnaissant pour même les plus petites réussites. Elles s'additionnent au fil du temps.

Points Clés à Retenir

- La gratitude est un outil puissant pour élever votre vibration et attirer l'abondance.
- Pratiquer la gratitude quotidiennement vous aide à vous concentrer sur le positif et renforce votre connexion à l'univers.
- La gratitude peut transformer les défis en opportunités de croissance.
- Des pratiques simples comme le journal, les affirmations et l'expression de la gratitude dans l'instant peuvent faire une grande différence.

La gratitude est plus qu'un simple « merci » – c'est une manière de vivre. En vous concentrant sur ce que vous avez et en appréciant les bénédictions de votre vie, vous créez une énergie positive et abondante qui attire encore plus de bonnes choses. Commencez dès aujourd'hui. Pour quoi

êtes-vous reconnaissant ? Laissez la gratitude vous guider
vers la vie dont vous avez toujours rêvé.

Chapitre 8 : L'Art de Lâcher Prise – Détachement et Confiance dans le Processus de Manifestation

Lorsqu'on travaille avec la Loi de l'Attraction, il est naturel de ressentir de l'impatience pour voir ses désirs se manifester. Cependant, l'une des étapes les plus importantes (et souvent négligées) de la manifestation est d'apprendre à lâcher prise. Lâcher prise ne signifie pas abandonner vos rêves, mais plutôt relâcher le contrôle, avoir confiance dans le processus, et permettre à l'univers de travailler en son propre temps.

Dans ce chapitre, nous explorerons pourquoi lâcher prise est essentiel, comment pratiquer le détachement, et comment faire confiance au processus peut vous aider à manifester plus rapidement et efficacement.

Que signifie Lâcher Prise ?

Lâcher prise signifie relâcher votre besoin de contrôler chaque étape du processus de manifestation. Il s'agit d'avoir la foi que vos désirs sont en chemin, même si vous ne voyez pas de résultats immédiats. Lorsque vous lâchez prise, vous cessez de vous obséder sur le "comment" et le "quand", et vous vous concentrez sur le fait de rester aligné avec vos désirs.

Exemple :
Imaginez que vous plantez une graine dans votre jardin. Vous l'arrosez, lui donnez de la lumière et avez confiance qu'elle va pousser. Vous ne la déterrez pas chaque jour pour vérifier si elle germe – vous laissez la nature suivre son cours. La manifestation fonctionne de la même manière.

Une fois que vous avez posé votre intention et fait votre part, vous devez avoir confiance que l'univers fera le reste.

Pourquoi Lâcher Prise est Important

- **Cela réduit la résistance :**
  L'obsession de vos désirs crée de la résistance, ce qui bloque la manifestation. Lorsque vous lâchez prise, vous permettez à l'énergie de circuler librement.

- **Cela construit la confiance :**
  Lâcher prise montre votre foi en l'univers. Cette confiance génère une vibration positive qui vous aligne avec vos objectifs.

- **Cela libère votre énergie :**
  Lorsque vous arrêtez de vous inquiéter de vos désirs, vous libérez de l'énergie mentale et émotionnelle pour vous concentrer sur l'instant présent.

Signes que Vous Tenez Trop Fort

- Penser constamment à votre objectif et vous demander s'il se réalisera.
- Ressentir de la frustration ou de l'impatience lorsque vous ne voyez pas de résultats immédiats.
- Essayer de forcer les choses au lieu de les laisser se dérouler naturellement.

Si vous reconnaissez ces signes, il est temps de pratiquer le détachement.

Comment Pratiquer le Lâcher Prise

- **Concentrez-vous sur l'instant présent :**
  Lâcher prise ne signifie pas rester inactif, cela

signifie agir avec inspiration tout en restant présent.
Profitez du voyage au lieu de vous obséder sur la
destination.

- **Faites confiance au timing :**
  L'univers a son propre calendrier, qui ne correspond
  peut-être pas au vôtre. Faites confiance au fait que
  les choses se passeront quand le moment sera venu.

- **Relâchez votre attachement au résultat :**
  Déplacez votre attention de l'envie d'atteindre votre
  objectif à la gratitude pour ce que vous avez déjà.
  Ce détachement crée de l'espace pour la
  manifestation.

- **Utilisez des affirmations de confiance :**
  Répétez des affirmations qui renforcent votre foi
  dans le processus. Par exemple :
  « Je fais confiance à l'univers pour me donner mes
  désirs au moment parfait. »
  « Tout se déroule pour mon plus grand bien. »

**Exercice : Visualisation du Lâcher Prise et de la
Confiance**

1. Fermez les yeux et prenez quelques respirations
   profondes.
2. Imaginez votre objectif dans votre esprit.
   Visualisez-le dans vos mains, ressentez son poids et
   son énergie.
3. Maintenant, imaginez que vous placez votre objectif
   dans un beau ballon. Laissez-le s'élever dans le ciel,
   emportant votre objectif vers l'univers.
4. Tandis que le ballon s'envole, dites-vous : « Je fais
   confiance à l'univers pour me l'apporter de la
   manière et au moment parfaits. »

5.   Ouvrez les yeux et ressentez un sentiment de paix et
      de lâcher prise.

Exemple : L'Histoire de Rachel

Rachel voulait trouver son emploi de rêve. Elle a postulé à
des dizaines de postes et a passé des heures à s'inquiéter de
quand elle serait embauchée. Son stress et son impatience
épuisèrent son énergie. Un jour, elle décida de lâcher prise.
Elle se concentra sur l'amélioration de ses compétences,
son réseau, et profita de son temps libre. Un mois plus tard,
elle reçut une offre d'emploi inattendue qui était mieux que
ce qu'elle avait imaginé. En lâchant prise, Rachel permit à
l'univers d'opérer sa magie.

Invitation à la Réflexion : Que Pouvez-vous Lâcher ?

Prenez un moment pour réfléchir à un objectif sur lequel
vous travaillez. Demandez-vous :

- Suis-je obsédé par cet objectif ou fais-je confiance
  au processus ?
- Que puis-je faire pour relâcher mon attachement et
  profiter du voyage ? Notez vos pensées dans un
  journal. Engagez-vous à pratiquer la confiance et à
  lâcher prise.

Faire Face au Doute et à l'Impatience

Il est normal de ressentir du doute ou de l'impatience
lorsque vos désirs mettent du temps à se manifester. Voici
comment gérer ces sentiments :

- **Reconnaître vos sentiments :**
  Ne réprimez pas vos émotions. Acceptez-les, mais
  ne les laissez pas vous contrôler.

- **Recentrez-vous sur la gratitude :**
  Changez d'énergie en vous concentrant sur ce qui va
  bien dans votre vie en ce moment.

- **Rappelez-vous de vos succès passés :**
  Pensez aux moments où les choses se sont bien
  passées pour vous, même lorsque vous doutiez
  qu'elles se réaliseraient. Utilisez ces moments
  comme preuve que l'univers est de votre côté.

Points Clés à Retenir

- Lâcher prise est une étape essentielle du processus
  de manifestation. Cela réduit la résistance, construit
  la confiance, et libère votre énergie.
- Faire confiance à l'univers ne signifie pas
  abandonner, cela signifie relâcher le contrôle sur le
  "comment" et le "quand".
- Pratiquer le détachement vous permet de vous
  concentrer sur le présent et de profiter du voyage.
- Utilisez des techniques telles que la visualisation,
  les affirmations, et la gratitude pour vous aider à
  lâcher prise.

Lâcher prise est à la fois un art et une pratique. Plus vous
faites confiance au processus, plus il devient facile de vous
aligner avec vos désirs. Rappelez-vous, l'univers vous
soutient. Que pouvez-vous lâcher aujourd'hui pour créer de
l'espace pour les miracles qui attendent de se manifester ?

Chapitre 9 : Passer à l'Action Inspirée – Aligner l'Effort avec vos Intentions

La Loi de l'Attraction ne consiste pas à rester assis et à attendre que vos rêves apparaissent magiquement. Bien que la visualisation, les affirmations et la gratitude posent les bases, l'action inspirée est ce qui comble l'écart entre vos désirs et la réalité. L'action inspirée est différente de n'importe quelle action ; c'est une action guidée par votre intuition, votre énergie et votre alignement avec vos objectifs.

Dans ce chapitre, nous explorerons l'importance de l'action inspirée, comment la reconnaître, et des étapes pratiques pour l'intégrer dans votre parcours de manifestation.

Qu'est-ce que l'Action Inspirée ?
L'action inspirée est un effort qui semble naturel et aligné avec vos désirs. Ce n'est pas une action forcée ni motivée par la peur. Au contraire, elle vient d'un lieu d'excitation, de curiosité ou d'intuition. Souvent, ce sont les petites poussées ou idées qui surgissent dans votre esprit, vous incitant à faire un pas en avant.

Exemple :
Si vous essayez de lancer une nouvelle entreprise, l'action inspirée pourrait être de réfléchir à des idées, assister à un événement de réseautage ou contacter un mentor. Il ne s'agit pas de vous épuiser, mais de suivre les étapes qui semblent significatives et justes.

Pourquoi l'Action Inspirée Est-elle Importante ?
Elle Montre un Engagement
En passant à l'action, vous montrez à l'univers que vous êtes sérieux dans vos objectifs. Cet engagement amplifie votre énergie et attire des opportunités.

Elle Crée de l'Inertie
Les petites actions mènent à des progrès, et les progrès
créent de la confiance. Chaque étape vous rapproche de
votre rêve.
Elle Ouvre des Portes
Les opportunités surgissent souvent de l'action. Une
conversation, un e-mail ou une rencontre fortuite peut
mener à des percées que vous n'auriez pas pu prédire.

Comment Reconnaître l'Action Inspirée ?
Écoutez Votre Intuition
Soyez attentif aux idées ou sensations qui vous excitent ou
éveillent votre curiosité. Ce sont souvent des signaux de
votre intuition qui vous guident vers la prochaine étape.
Notez les Opportunités
Restez ouvert aux chances inattendues. Par exemple, si
quelqu'un mentionne une offre d'emploi ou vous invite à un
événement, considérez cela comme une poussée de
l'univers.
Ressentez l'Énergie
L'action inspirée est légère et excitante, pas lourde ni
forcée. Si quelque chose semble "mal", ce n'est peut-être
pas la bonne direction.

Exercice : Trouvez Votre Prochaine Étape Inspirée
Notez un objectif sur lequel vous travaillez (par exemple,
"Je veux améliorer ma forme physique").
Demandez-vous : "Quelle petite étape puis-je franchir
aujourd'hui pour me rapprocher de cet objectif ?" Notez ce
qui vous vient à l'esprit.
Exemple : Inscrivez-vous à un cours de yoga, préparez un
repas sain ou faites une promenade de 10 minutes.
Faites ce pas et remarquez comment cela se sent.
Répétez cet exercice chaque fois que vous vous sentez
bloqué ou incertain de la prochaine étape.

Exemple : Le Parcours de Mia

Mia voulait écrire un livre mais se sentait submergée par l'ampleur du projet. Au lieu de se forcer à écrire tout le livre d'un coup, elle a décidé de prendre de petites étapes inspirées. Elle a commencé par écrire ses idées, puis a créé un plan simple. Chaque jour, elle écrivait une seule page. Ses progrès l'ont inspirée à continuer, et en six mois, elle a terminé son manuscrit. L'action inspirée a rendu le processus agréable et réalisable.

Trouver l'Équilibre entre l'Action et la Confiance

Passer à l'action ne signifie pas forcer les résultats. L'action inspirée fonctionne mieux lorsqu'elle est équilibrée avec la confiance dans le processus. Après avoir franchi une étape, permettez à l'univers de vous guider vers la suivante. Cet équilibre vous aide à rester aligné sans vous sentir accablé.

Exemple :

Si votre objectif est de trouver un nouvel emploi, mettez à jour votre CV, postulez pour des postes qui vous enthousiasment, puis faites confiance au fait que la bonne opportunité viendra. Évitez de vous stresser pour chaque détail ou de postuler par désespoir.

Invitation à la Réflexion : Votre Plan d'Action

Prenez un moment pour réfléchir à vos objectifs actuels. Demandez-vous :

- Quelles actions ai-je déjà entreprises pour atteindre cet objectif ?
- Quelle étape inspirée puis-je franchir ensuite ?
- Comment puis-je équilibrer l'action et la confiance ? Notez vos réponses dans un journal. Cette clarté vous aidera à rester concentré et motivé.

Erreurs Courantes avec l'Action Inspirée

Forcer les Résultats

Passer à l'action par peur ou désespoir crée de la résistance.

Concentrez-vous sur des actions qui vous semblent naturelles et alignées.

Attendre Trop Longtemps

Bien que la confiance soit importante, il est tout aussi essentiel de passer à l'action lorsque des opportunités se présentent. Ne laissez pas la peur vous retenir.

Réfléchir Excessivement

L'action inspirée vient souvent sous forme de simple intuition. Ne l'analysez pas trop—faites simplement le pas qui vous semble juste.

Conseils pour Passer à l'Action Inspirée

Décomposez-le

Les grands objectifs peuvent être accablants. Divisez-les en petites étapes gérables et concentrez-vous sur une à la fois.

Célébrez les Progrès

Reconnaissez et célébrez chaque action que vous entreprenez. Les petites victoires créent de l'inertie et renforcent la confiance.

Restez Ouvert au Changement

Votre chemin peut ne pas ressembler exactement à ce que vous imaginiez. Soyez flexible et adaptez-vous aux nouvelles opportunités.

Principaux Points à Retenir

L'action inspirée est essentielle pour transformer vos désirs en réalité. Elle comble l'écart entre l'intention et la manifestation.

Écoutez votre intuition et prenez des mesures qui vous semblent naturelles et alignées.

Équilibrez l'action avec la confiance—ne forcez pas les résultats et ne réfléchissez pas trop.

De petites étapes régulières mènent à des progrès et ouvrent la porte aux opportunités.

L'action inspirée est votre manière de co-créer avec
l'univers. En prenant des mesures significatives et en ayant
confiance dans le processus, vous vous alignez sur vos
désirs et créez de l'inertie vers vos objectifs. Quelle étape
inspirée allez-vous franchir aujourd'hui ? N'oubliez pas,
chaque action vous rapproche de la vie dont vous rêvez.

Chapitre 10 : Surmonter le doute et la résistance – Transformer les défis en opportunités de croissance

Même avec une vision claire, des émotions fortes et des actions inspirées, le doute et la résistance peuvent s'infiltrer et bloquer votre parcours de manifestation. Ces obstacles font naturellement partie du processus, mais ils ne doivent pas perturber votre progression. Au contraire, vous pouvez apprendre à les identifier, à les comprendre et à les transformer en étapes vers vos objectifs.

Dans ce chapitre, nous explorerons pourquoi le doute et la résistance apparaissent, comment y faire face et des techniques pratiques pour rester sur la bonne voie.

Qu'est-ce que le doute et la résistance ?

Le doute est la peur ou la méfiance que vos rêves se réalisent. Il se manifeste souvent par des questions comme : "Et si cela ne fonctionne pas ?" ou "Suis-je même capable de réussir cela ?"

La résistance est le blocage mental ou émotionnel qui vous empêche d'avancer. Elle peut se manifester sous forme de procrastination, d'autosabotage ou d'évitement.

Le doute et la résistance réduisent votre vibration, rendant plus difficile l'alignement avec vos désirs. Les reconnaître est la première étape pour les surmonter.

Pourquoi le doute et la résistance surviennent-ils ?

- **Peur de l'échec** : Vous pouvez douter de vos capacités par peur de l'échec. Cette peur peut vous empêcher de passer à l'action.
- **Croyances limitantes** : Les pensées négatives telles que "Je ne suis pas assez bon" ou "Je ne mérite pas

cela" créent de la résistance et bloquent votre progression.

- **Impatience** : Lorsque les résultats ne se manifestent pas rapidement, il est facile de perdre confiance et de commencer à douter du processus.
- **Zone de confort** : Manifester vos rêves nécessite souvent un changement. La résistance peut surgir car votre esprit préfère le confort des schémas familiers, même s'ils ne vous servent plus.

Comment surmonter le doute ?

- **Reconnaître vos doutes** : Ignorer le doute ne le fera pas disparaître. Reconnaissez vos sentiments sans jugement. Demandez-vous : "Qu'est-ce que je doute, et pourquoi ?"
- **Contester les pensées négatives** : Remplacez les doutes par des pensées qui vous renforcent. Exemple :
  Doute : "Je ne suis pas assez intelligent pour réussir."
  Pensée positive : "Je suis constamment en train d'apprendre et de grandir. Je suis capable de réussir."
- **Concentrez-vous sur les preuves de votre succès** : Réfléchissez aux moments où vous avez réussi malgré vos doutes. Rappelez-vous que vous êtes capable de surmonter les défis.
- **Utilisez des affirmations** : Répétez des affirmations pour renforcer votre confiance en vous et dans le processus. Par exemple :
  "Je fais confiance à l'univers pour me guider vers mes rêves."
  "Je suis capable d'accomplir tout ce que je désire."

Comment surmonter la résistance ?

- **Identifiez la source** : Demandez-vous : "Qu'est-ce qui cause cette résistance ?" Est-ce la peur, le stress ou l'incertitude ? Comprendre la cause vous aide à y faire face.
- **Faites des petites étapes** : Divisez vos objectifs en actions plus petites et gérables. Même la plus petite étape peut réduire la résistance et créer de l'élan.
- **Reformulez les défis comme des opportunités** : Plutôt que de voir la résistance comme un problème, voyez-la comme une opportunité de croissance. Demandez-vous : "Qu'est-ce que je peux apprendre de cette expérience ?"
- **Visualisez le résultat final** : Reconnectez-vous avec votre vision en visualisant votre objectif déjà atteint. Concentrez-vous sur la joie et la satisfaction qu'il vous apporte pour raviver votre motivation.

Exercice : Confronter les doutes et la résistance

- Écrivez un objectif avec lequel vous avez des difficultés.
- Listez les doutes ou pensées résistantes que vous avez à propos de cet objectif.
  Exemple : "Et si je faille ?" ou "C'est trop difficile."
- Pour chaque doute ou résistance, écrivez une réponse positive.
  Exemple :
  Doute : "Je n'ai pas assez d'expérience."
  Réponse positive : "Chaque expert a été un débutant. J'apprends et je m'améliore chaque jour."
- Engagez-vous à réaliser une petite action pour surmonter la résistance.

Exemple : L'histoire de Tom

Tom rêvait de lancer une entreprise de photographie, mais il doutait de ses compétences et se sentait submergé par l'idée de se promouvoir. Ses doutes l'ont conduit à la procrastination, et son rêve est resté en suspens. Un jour, il a décidé de confronter sa résistance. Il s'est rappelé les compliments reçus sur ses photos et s'est concentré sur l'apprentissage d'une petite compétence en marketing à la fois. Avec le temps, sa confiance a grandi et son entreprise a commencé à prospérer.

Réflexion : Comprendre votre résistance
Prenez un moment pour réfléchir aux questions suivantes :

- Quels sont les doutes ou peurs que j'ai par rapport à mes objectifs ?
- Quelles actions est-ce que j'évite et pourquoi ?
- Comment puis-je reformuler ces doutes ou peurs pour me donner du pouvoir ?
  Écrivez vos réponses dans un journal. Cette prise de conscience vous aidera à avancer avec clarté et confiance.

Conseils pour rester motivé

- **Célébrez les progrès** : Reconnaissez chaque petite victoire, peu importe sa taille. Chaque étape franchie est la preuve de votre capacité.
- **Entourez-vous de positivité** : Passez du temps avec des personnes bienveillantes, lisez des livres inspirants ou écoutez du contenu motivant pour maintenir votre énergie élevée.
- **Faites confiance au processus** : Rappelez-vous que la manifestation prend du temps. Soyez patient et continuez à prendre des actions inspirées, même lorsque les progrès semblent lents.

Résumé des points clés

- Le doute et la résistance sont des parties normales du processus de manifestation, mais ils ne doivent pas bloquer votre progression.

- Reconnaissez et contestez les doutes en les remplaçant par des pensées et des affirmations qui vous renforcent.
- Faites face à la résistance en identifiant sa cause, en prenant de petites étapes et en reformulant les défis comme des opportunités.
- La patience, la motivation et l'attention portée à votre vision vous aident à surmonter les obstacles et à avancer vers vos objectifs.

Le doute et la résistance ne sont pas des signes d'échec, mais des signes de croissance. En affrontant ces défis de front, vous renforcez votre foi en vous-même et en votre capacité à manifester vos rêves. Quelle étape allez-vous franchir aujourd'hui pour dépasser la résistance et vous rapprocher de vos objectifs ? Rappelez-vous, chaque défi est une opportunité déguisée !

Chapitre 11 : Le Rôle de la Patience et de la Persévérance – Rester Engagé envers vos Rêves

La manifestation n'est pas toujours instantanée. Bien que vous puissiez souhaiter que vos rêves se réalisent rapidement, le processus prend souvent du temps. La patience et la persévérance sont des qualités essentielles qui vous aident à rester sur la bonne voie, même lorsque les résultats semblent lents. Elles maintiennent votre énergie alignée et empêchent la frustration de bloquer vos progrès. Dans ce chapitre, nous explorerons pourquoi la patience est importante, comment la persévérance renforce votre parcours de manifestation, et des conseils pratiques pour rester engagé envers vos rêves.

Pourquoi la Patience est Importante dans la Manifestation

L'univers fonctionne selon son propre calendrier, pas le vôtre. La manifestation est comme planter une graine – elle prend du temps pour grandir, et vous ne pouvez pas précipiter le processus. L'impatience crée de la résistance et abaisse votre vibration, tandis que la patience montre que vous avez confiance en le timing de l'univers.

Exemple : Imaginez que vous commandez un repas au restaurant. Une fois votre commande passée, vous faites confiance au chef pour la préparer. Vous ne demandez pas au serveur toutes les minutes si c'est prêt. De même, dans la manifestation, une fois que vous avez défini votre intention, faites confiance au fait que votre désir est en train d'être préparé pour vous.

Comment la Persévérance Vous Aide à Avancer

La persévérance consiste à rester engagé envers votre objectif, même lorsque les progrès semblent lents ou que des obstacles se dressent. C'est l'effort constant et la croyance qui vous maintiennent aligné avec vos désirs. Chaque petite action que vous entreprenez renforce votre connexion à vos rêves.

Exemple : Pensez à un alpiniste. Atteindre le sommet prend du temps et des efforts, mais chaque pas les rapproche. Même lorsque le parcours semble difficile, leur persévérance les fait avancer.

Trouver l'Équilibre entre Patience et Action

La patience ne signifie pas rester inactif. Cela signifie continuer à prendre des actions inspirées tout en faisant confiance au processus. Pensez à cela comme planter une graine et l'arroser chaque jour – vous nourrissez votre rêve sans le précipiter.

Exemple : Si votre objectif est de trouver le travail de vos rêves, la patience consiste à faire confiance au fait que la bonne opportunité viendra, tandis que la persévérance consiste à mettre à jour votre CV, postuler pour des emplois, et réseauter régulièrement.

Surmonter l'Impatience et la Frustration

Concentrez-vous sur le Présent

L'impatience survient souvent lorsque vous êtes trop concentré sur l'avenir. Changez votre attention vers ce que vous pouvez apprécier ou accomplir aujourd'hui.

Célébrez les Petites Victoires

Reconnaissez et appréciez chaque étape franchie. Chaque petite réussite est un signe de progrès.

Ayez Confiance en le Timing Divin

Rappelez-vous que l'univers a un plan parfait pour vous. Répétez des affirmations telles que :

- "Tout se déroule au moment parfait."
- "Je fais confiance au processus et reste engagé envers mes rêves."

Comment Rester Persévérant

Fixez des Objectifs Clairs

Écrivez vos objectifs et divisez-les en étapes plus petites et réalisables. Cela les rend plus accessibles et vous garde motivé.

Créez une Routine

Consacrez chaque jour un moment à travailler sur vos objectifs, même si ce n'est que pendant 10 minutes. La constance génère de l'élan.

Entourez-vous de Soutien

Partagez vos rêves avec des personnes qui vous encouragent. Un environnement de soutien renforce votre persévérance.

Apprenez des Échecs

Les défis font partie intégrante du voyage. Plutôt que d'abandonner, utilisez les échecs comme des opportunités pour apprendre et grandir.

Exercice : Élaborer un Plan de Patience et de Persévérance

1. Écrivez un objectif sur lequel vous travaillez (par exemple, "Je veux améliorer ma santé").
2. Identifiez une action que vous pouvez prendre régulièrement (par exemple, "Faire de l'exercice pendant 20 minutes chaque jour").
3. Rédigez une affirmation pour vous rappeler de la patience (par exemple, "Je fais confiance au fait que mes efforts me rapprochent de mon objectif").
4. Réfléchissez à un accomplissement passé qui a nécessité de la patience et de la persévérance. Comment le fait de rester engagé vous a-t-il aidé à réussir ?

Exemple : L'histoire de Sarah

Sarah voulait économiser de l'argent pour acheter la maison de ses rêves. Au début, elle se sentait découragée par le temps que cela prendrait. Cependant, elle est restée persévérante, en fixant un objectif d'épargne mensuel et en célébrant chaque étape franchie. Elle se rappelait que les petites étapes s'accumulent. Deux ans plus tard, Sarah avait assez d'argent pour un acompte et emménageait dans la maison de ses rêves. La patience et la persévérance ont transformé son rêve en réalité.

Invitation à la Réflexion : Embrasser le Voyage

Prenez un moment pour réfléchir à votre parcours jusqu'à présent. Demandez-vous :

- Quels progrès ai-je réalisés vers mes objectifs ?
- Comment puis-je pratiquer davantage la patience et la persévérance ?
- Quelles petites étapes puis-je entreprendre aujourd'hui pour aller de l'avant ?

Écrivez vos réponses dans un journal. Cette réflexion vous aidera à apprécier vos progrès et à rester motivé.

Erreurs Courantes à Éviter

Abandonner Trop Tôt

Beaucoup de gens abandonnent juste avant de connaître leur percée. Faites confiance au fait que vos efforts font une différence, même si vous ne voyez pas de résultats immédiats.

Se Concentrer Uniquement sur le Résultat

Appréciez le processus, pas seulement la destination. Trouver de la joie dans le voyage garde votre énergie positive.

Comparer vos Progrès à Ceux des Autres

Le parcours de chacun est différent. Concentrez-vous sur votre propre chemin et ayez confiance que vous êtes exactement là où vous devez être.

Conseils pour Rester Engagé

Visualisez votre Succès

Imaginez régulièrement votre objectif comme déjà atteint. Cela vous motive et vous aligne.

Pratiquez la Gratitude

Soyez reconnaissant pour ce que vous avez tout en travaillant à réaliser vos rêves. La gratitude change votre énergie et renforce la patience.

Suivez vos Progrès

Tenez un journal pour enregistrer vos actions et réussites. Voir combien vous avez progressé vous inspire à continuer.

Points Clés à Retenir

- La patience et la persévérance sont essentielles pour manifester vos rêves. Faites confiance au fait que l'univers travaille en votre faveur, même lorsque les résultats prennent du temps.
- Trouvez un équilibre entre la patience et l'action inspirée pour rester aligné avec vos objectifs.
- Surmontez l'impatience en vous concentrant sur le présent, en célébrant les progrès et en faisant confiance au timing divin.
- La persévérance vous fait avancer, même lorsque le voyage semble difficile.

La manifestation est un voyage, pas une course. En restant patient et persévérant, vous construisez la base pour un succès durable. Quelle étape allez-vous franchir aujourd'hui pour nourrir votre rêve ? Faites confiance au processus, et rappelez-vous que chaque petit effort vous rapproche de la vie que vous désirez.

Chapitre 12 : Méditation et Pleine Conscience – Renforcer la Concentration et l'Intuition

La méditation et la pleine conscience sont des outils puissants pour aligner votre esprit, votre corps et votre âme avec l'énergie de la manifestation. Elles vous aident à vous concentrer sur vos objectifs, à apaiser votre esprit et à puiser dans votre intuition. En pratiquant ces techniques, vous créez un espace mental qui permet à l'univers de travailler à travers vous.

Dans ce chapitre, nous explorerons comment la méditation et la pleine conscience peuvent soutenir votre parcours de manifestation, des moyens pratiques pour commencer et des exercices pour renforcer votre pratique.

Pourquoi la Méditation et la Pleine Conscience Sont Importantes

Elles Calment l'Esprit

Un esprit agité, rempli de préoccupations, de doutes ou de pensées excessives crée de la résistance. La méditation aide à calmer vos pensées, ce qui facilite la concentration sur vos désirs.

Elles Renforcent l'Intuition

L'intuition est votre guide intérieur qui vous aide à reconnaître les opportunités et à agir de manière inspirée. La méditation vous permet d'entendre plus clairement votre intuition.

Elles Élévent Votre Vibration

La pleine conscience vous aide à rester présent et à apprécier l'instant, ce qui maintient votre vibration élevée et alignée avec vos objectifs.

Qu'est-ce que la Méditation ?

La méditation est la pratique de calmer votre esprit et de

concentrer votre attention. Elle n'a pas besoin d'être compliquée ou de prendre des heures chaque jour. Même quelques minutes de réflexion tranquille peuvent faire une grande différence.

Exemple :

Si vous essayez de manifester l'abondance financière, la méditation peut vous aider à libérer les peurs liées à l'argent et à vous concentrer sur des sentiments de gratitude et d'abondance.

Qu'est-ce que la Pleine Conscience ?

La pleine conscience est la pratique d'être pleinement présent dans l'instant. Il s'agit d'observer vos pensées, vos sentiments et votre environnement sans jugement. En restant conscient, vous cessez de vous inquiéter du passé ou de l'avenir et vous vous concentrez sur l'instant présent.

Exemple :

Lorsque vous mangez, la pleine conscience consiste à savourer chaque bouchée, en remarquant le goût, la texture et l'odeur. Cette pratique peut s'étendre à votre parcours de manifestation, vous aidant à vous engager pleinement dans chaque étape.

Comment Méditer pour la Manifestation

1. **Trouvez un Endroit Calme**
   Asseyez-vous dans une position confortable où vous ne serez pas dérangé. Vous pouvez vous asseoir sur une chaise, un coussin, ou même vous allonger.
2. **Concentrez-vous sur Votre Souffle**
   Fermez les yeux et prenez des respirations lentes et profondes. Inspirez par le nez et expirez par la bouche. Laissez votre souffle ancrer votre esprit.
3. **Visualisez Votre Désir**
   Une fois votre esprit calme, visualisez votre objectif

comme s'il était déjà atteint. Imaginez les détails et
ressentez les émotions du succès.

4. **Répétez un Mantra ou une Affirmation**
    Vous pouvez répéter silencieusement une
    affirmation positive comme « Je suis aligné avec
    mes désirs » ou « L'abondance coule vers moi sans
    effort ».

5. **Terminez avec de la Gratitude**
    Avant de terminer, prenez un moment pour ressentir
    de la gratitude pour ce que vous avez et pour les
    bénédictions qui arrivent vers vous.

Pratiques de Pleine Conscience pour la Vie Quotidienne

1. **Respiration Consciente**
    Chaque fois que vous vous sentez stressé ou distrait,
    faites une pause et prenez quelques respirations
    profondes. Concentrez-vous uniquement sur votre
    respiration. Cette simple pratique vous ramène à
    l'instant présent.

2. **Marche de Gratitude**
    Faites une promenade à l'extérieur et concentrez-
    vous sur tout ce pour quoi vous êtes reconnaissant.
    Remarquez les vues, les sons et les sensations
    autour de vous.

3. **Écriture en Pleine Conscience**
    Consacrez 5 à 10 minutes chaque jour à écrire sur
    vos pensées et vos sentiments. Réfléchissez à ce qui
    fonctionne et à ce pour quoi vous êtes
    reconnaissant.

Exercice : Méditation de Manifestation de 5 Minutes

1. Asseyez-vous confortablement et fermez les yeux.
2. Prenez trois respirations lentes et profondes pour
    vous détendre.

3. Visualisez votre objectif comme s'il était déjà atteint. Imaginez les détails et ressentez les émotions de joie et de gratitude.
4. Répétez silencieusement une affirmation positive, comme « J'attire le succès et l'abondance sans effort ».
5. Prenez une dernière respiration profonde, souriez et ouvrez les yeux.
   Pratiquez ceci quotidiennement pour renforcer votre concentration et votre connexion à vos désirs.

Exemple : Le Parcours de Liam

Liam souffrait d'anxiété et se sentait souvent bloqué dans ses efforts de manifestation. Il a commencé à méditer 10 minutes chaque matin, en se concentrant sur sa respiration et en visualisant ses objectifs. Avec le temps, il a remarqué qu'il se sentait plus calme, plus concentré et plus confiant. Sa clarté s'est améliorée et il a commencé à reconnaître des opportunités qu'il avait auparavant ignorées. La méditation est devenue un pilier de son succès.

Réflexion : Votre Pratique de Pleine Conscience

Prenez un moment pour réfléchir à ces questions :

- À quelle fréquence prends-je du temps pour calmer mon esprit et me concentrer sur le présent ?
- Quelles pensées ou sentiments me distraient de mes objectifs ?
- Comment puis-je créer une pratique quotidienne de pleine conscience ou de méditation ?
  Écrivez vos réponses dans un carnet. Utilisez-les pour planifier comment intégrer la pleine conscience dans votre routine.

Défis Courants et Comment les Surmonter

1. **Difficulté à se Concentrer**
   Il est normal que votre esprit vagabonde pendant la

méditation. Lorsqu'il se produit, ramenez doucement votre attention sur votre souffle ou votre visualisation.

2. **Sentiment d'Agitation**
   Commencez par de courtes séances, comme 2 à 3 minutes, et augmentez progressivement la durée à mesure que vous vous sentez plus à l'aise.

3. **Sauter la Pratique**
   Intégrez la méditation ou la pleine conscience dans votre routine quotidienne, comme après le réveil ou avant de vous coucher. La constance est essentielle.

Conseils pour Réussir

1. **Commencez Petit** : Même quelques minutes par jour peuvent faire une grande différence.
2. **Soyez Consistant** : La méditation et la pleine conscience sont plus efficaces lorsqu'elles sont pratiquées régulièrement.
3. **Utilisez des Méditations Guidées** : Les applications et vidéos en ligne peuvent vous aider à commencer et à rester motivé.
4. **Soyez Patient** : Comme pour toute compétence, la méditation prend du temps pour se développer. Soyez bienveillant envers vous-même pendant votre pratique.

Points Clés à Retenir

- La méditation et la pleine conscience calment votre esprit, renforcent votre intuition et élèvent votre vibration, ce qui en fait des outils puissants pour la manifestation.
- Des pratiques simples comme la respiration consciente, la visualisation et l'écriture vous aident à rester présent et concentré sur vos objectifs.
- Commencez petit et soyez consistant, en intégrant ces pratiques dans votre routine quotidienne.

La méditation et la pleine conscience vous aident à créer un environnement mental et émotionnel où vos désirs peuvent s'épanouir. En restant présent et concentré, vous renforcez votre connexion avec l'univers et vos objectifs. Que ferez-vous aujourd'hui pour apporter plus de pleine conscience dans votre vie ? Commencez maintenant, et observez comment votre clarté et votre alignement grandissent !

Chapitre 13 : Tenir un Journal pour la Manifestation – Techniques pour Documenter et Réfléchir sur les Progrès

Tenir un journal est un outil simple mais puissant pour vous aider à manifester vos désirs. En mettant vos pensées, objectifs et sentiments par écrit, vous apportez clarté et concentration à votre cheminement de manifestation. Le journal permet de suivre les progrès, de réfléchir à vos croyances et de renforcer l'énergie positive.
Dans ce chapitre, vous apprendrez comment utiliser le journal pour vous aligner avec vos objectifs, découvrir les croyances limitantes et rester motivé.

Pourquoi le Journal Soutient la Manifestation

Clarté et Concentration
Écrire vous aide à définir clairement ce que vous voulez et pourquoi vous le voulez. L'acte de mettre un stylo sur le papier organise vos pensées et intentions.

Conscience des Schémas
Tenir un journal vous permet d'identifier les croyances limitantes ou les schémas de pensée négatifs qui peuvent bloquer vos progrès.

Renforcement de l'Énergie Positive
Se concentrer sur la gratitude, le succès et les affirmations dans votre journal élève votre vibration et vous aligne avec l'énergie de vos objectifs.

Exemple :
Si vous manifestez le succès financier, tenir un journal peut vous aider à clarifier combien d'argent vous voulez,

pourquoi c'est important et quelles étapes vous allez
entreprendre. Vous pouvez aussi l'utiliser pour lister ce pour
quoi vous êtes déjà reconnaissant, comme un revenu stable
ou des bénédictions inattendues.

Types de Journal de Manifestation

Fixation d'Objectifs

Notez vos objectifs en détail. Soyez spécifique et
concentrez-vous sur ce que vous voulez, et non ce que vous
ne voulez pas.

Exemple : Au lieu de « Je ne veux pas me sentir stressé par
l'argent », écrivez : « Je veux gagner 5 000 $
supplémentaires cette année pour rembourser mes dettes et
profiter de vacances. »

Journal de Gratitude

Listez les choses pour lesquelles vous êtes reconnaissant
chaque jour. Cela déplace votre attention du manque à
l'abondance, élevant ainsi votre vibration.

Journal du Futur Moi

Écrivez comme si vos objectifs étaient déjà réalisés.
Décrivez votre vie future en détail, en vous concentrant sur
les émotions et les expériences.

Exemple : « Je me réveille en me sentant excité(e) de
commencer ma journée dans ma maison de rêve. La
lumière du soleil passe à travers les grandes fenêtres, et je
me sens profondément reconnaissant(e) pour la vie que j'ai
créée. »

Surmonter les Croyances Limitantes

Utilisez votre journal pour explorer vos doutes ou peurs et
les reformuler en pensées positives.

Exemple : Écrivez à propos d'une peur comme « Je ne suis pas assez bon(ne) pour réussir » et contrariez-la avec des preuves de vos forces ou des affirmations.

Comment Commencer une Pratique de Journal

Choisissez un Journal qui Vous Inspire
Choisissez un carnet qui vous donne envie d'écrire. Cela peut être un carnet simple ou quelque chose de spécial.

Réservez du Temps Chaque Jour
Consacrez 5 à 10 minutes chaque jour à l'écriture dans votre journal. Le matin ou le soir sont de bons moments pour réfléchir et définir des intentions.

Créez un Espace Serein
Trouvez un endroit calme où vous pouvez écrire sans distractions. Considérez le journal comme un moment sacré pour vous-même.

Exercice : Invites pour le Journal de Manifestation

Utilisez ces invites pour guider votre écriture :

- Quel est un objectif que je veux atteindre ? Pourquoi est-il important pour moi ?
- Comment me sentirai-je lorsque cet objectif se réalisera ? Décrivez les émotions en détail.
- Pour quoi suis-je reconnaissant(e) en ce moment ? Listez au moins cinq choses.
- Quels doutes ou peurs ai-je concernant mes objectifs ? Comment puis-je les reformuler en croyances positives ?
- Quelles actions inspirées puis-je entreprendre aujourd'hui pour me rapprocher de mes rêves ?

Répondre à ces questions vous aide à rester aligné avec vos objectifs et à surmonter les défis.

Exemple : L'Histoire d'Emma

Emma voulait attirer une relation amoureuse mais doutait souvent de la possibilité que cela se réalise. Elle a commencé à tenir un journal chaque jour, en écrivant à propos de son partenaire idéal et de la joie qu'il ou elle apporterait dans sa vie. Elle a également listé les choses qu'elle aimait chez elle et a exprimé sa gratitude pour les personnes soutenantes déjà présentes dans sa vie. Avec le temps, ses doutes se sont estompés et sa confiance a grandi. Six mois plus tard, elle a rencontré quelqu'un qui correspondait à sa vision.

Invite de Réflexion : Le Journal et Vous

Prenez un moment pour réfléchir à ces questions :

- Ai-je été clair(e) sur ce que je veux manifester ?
- Quelles pensées ou émotions pourraient bloquer mes progrès ?
- Comment puis-je utiliser le journal pour me concentrer sur mes objectifs et changer mon état d'esprit ?
  Écrivez vos réponses dans votre journal comme point de départ pour votre pratique.

Erreurs Courantes et Comment les Éviter

Se Concentrer sur les Négatifs

Évitez d'écrire à propos de ce que vous ne voulez pas ou ce que vous craignez. Concentrez-vous plutôt sur les résultats positifs et les solutions.

Inconsistance
Le journal fonctionne mieux lorsqu'il devient une habitude
régulière. Établissez un emploi du temps et tenez-vous-y.

Jugement de Votre Écriture
Votre journal est pour vous. Ne vous inquiétez pas de la
grammaire, de l'orthographe ou de la structure — écrivez
simplement librement.

Conseils pour un Journal de Succès

Soyez Honnête : Écrivez authentiquement vos pensées et
sentiments. Cela vous aide à mieux vous comprendre.
Visualisez en Écrivant : Imaginez vos objectifs se
réalisant en les décrivant dans votre journal.
Révisez et Réfléchissez : De temps en temps, relisez vos
anciennes entrées pour voir combien vous avez progressé.

Points Clés à Retenir

- Le journal est un outil puissant pour la clarté, la
  réflexion personnelle et l'alignement avec vos
  objectifs.
- Utilisez des techniques comme le journal de
  gratitude, l'écriture du futur soi et la reformulation
  des croyances limitantes pour renforcer votre
  pratique.
- Faites du journal un rituel quotidien pour renforcer
  votre connexion avec vos désirs et suivre vos
  progrès.

En faisant du journal un élément régulier de votre routine,
vous créez un espace pour vous concentrer sur vos rêves,
libérer vos doutes et renforcer l'énergie positive.
Que allez-vous écrire aujourd'hui ? Ouvrez votre journal et

laissez les mots couler — vous êtes un pas de plus près de manifester la vie que vous désirez.

Chapitre 14 : L'impact de votre environnement – Créer un espace positif et soutenant

Votre environnement joue un rôle significatif dans la formation de vos pensées, émotions et énergie. Si vous êtes entouré de désordre, de négativité ou de chaos, cela peut bloquer votre capacité à manifester vos désirs. En revanche, un environnement propre, inspirant et soutenant élève votre vibration et vous aide à vous aligner avec vos objectifs. Dans ce chapitre, nous explorerons comment créer un environnement positif qui soutient votre parcours de manifestation. Vous apprendrez des changements simples que vous pouvez apporter pour améliorer votre cadre de vie et des conseils pratiques pour maintenir un espace à haute vibration.

Comment votre environnement affecte la manifestation

Influe sur votre humeur
Votre environnement a un impact direct sur la façon dont vous vous sentez. Un espace en désordre ou chaotique peut créer du stress, tandis qu'un espace organisé et beau favorise le calme et la concentration.

Façonne vos pensées
Les objets, les personnes et l'énergie qui vous entourent influencent votre état d'esprit. Les environnements positifs et inspirants encouragent une pensée positive.

Reflète votre énergie
Votre environnement extérieur est le miroir de votre état intérieur. Créer un espace soutenant vous aide à aligner votre énergie avec vos désirs.

Exemple :
Si votre objectif est d'attirer l'abondance financière, mais que votre espace de travail est encombré et désorganisé, cela peut bloquer votre productivité et votre concentration. Un espace propre et inspirant vous aide à rester motivé et aligné.

Étapes pour créer un environnement soutenant

Déclutter votre espace
Le désordre crée des blocages mentaux et émotionnels. Passez en revue vos espaces de vie et de travail et éliminez tout ce qui ne sert pas à un but précis ou ne vous apporte pas de joie.
Conseil : Commencez petit. Traitez un tiroir, une étagère ou une pièce à la fois.

Incorporez des objets inspirants
Entourez-vous de choses qui vous élèvent, comme des citations motivantes, des tableaux de vision, des plantes ou des photos de vos proches.

Utilisez des couleurs et un éclairage positifs
Les couleurs vives et chaleureuses ainsi que la lumière naturelle peuvent améliorer votre humeur et votre énergie. Si la lumière naturelle n'est pas une option, utilisez un éclairage doux et chaud pour créer une atmosphère cosy.

Ajoutez des éléments de la nature
La nature a un effet apaisant et enracinant. Ajoutez des plantes, des fleurs ou des matériaux naturels comme du bois ou des pierres dans votre espace.

Créez un coin dédié à la manifestation
Aménagez un petit espace pour la méditation, l'écriture ou

la visualisation. Cet espace doit être paisible et vous inspirer à vous concentrer sur vos objectifs.

Exercice : Déclutter et énergiser
Choisissez une zone de votre maison ou de votre espace de travail à désencombrer (par exemple, votre bureau, votre placard ou votre table de chevet).
Éliminez tout ce qui semble déplacé ou ne vous apporte pas de joie.
Ajoutez un objet qui vous inspire, comme un tableau de vision, une plante ou un objet significatif.
Notez comment l'espace se sent après avoir apporté les changements.

Le rôle des personnes dans votre environnement

Votre environnement n'est pas seulement physique – il inclut les personnes avec lesquelles vous interagissez. S'entourer de personnes soutenantes et positives vous aide à rester motivé et aligné avec vos objectifs.

Signes de personnes soutenantes :

- Elles encouragent vos rêves.
- Elles célèbrent vos succès.
- Elles offrent des retours constructifs.

Signes d'énergie négative :

- Plaintes ou critiques constantes.
- Découragement de vos idées ou objectifs.
- Vous faire sentir épuisé ou démotivé.

Conseil : Passez plus de temps avec les personnes qui vous élèvent et moins de temps avec celles qui apportent de la négativité. Si nécessaire, établissez des limites pour protéger votre énergie.

Exemple : La transformation de Sarah
Sarah avait du mal à se concentrer sur ses objectifs car sa
maison était encombrée et chaotique. Elle a décidé de
désencombrer une pièce à la fois, en commençant par sa
chambre. Elle a ajouté un éclairage doux, un tableau de
vision et un carnet sur sa table de chevet. Elle s'est
également éloignée d'un collègue négatif qui décourageait
souvent ses rêves. En quelques semaines, Sarah s'est sentie
plus énergique, plus claire et plus motivée pour prendre des
mesures vers ses objectifs.

Réflexion : Évaluez votre environnement
Prenez un moment pour réfléchir à votre cadre de vie.
Demandez-vous :

- Mon domicile ou mon espace de travail m'inspire-t-
  il et me soutient-il ?
- Y a-t-il des zones qui semblent encombrées ou
  chaotiques ?
- Les personnes dans ma vie sont-elles positives et
  soutenantes ?
  Écrivez un changement que vous pouvez apporter
  aujourd'hui pour améliorer votre environnement.

Conseils pour maintenir un espace à haute vibration

Nettoyez régulièrement
Un espace propre semble plus léger et plus accueillant.
Prenez quelques minutes chaque jour pour ranger.

Fixez des intentions pour votre espace
Avant d'entrer dans votre espace de travail ou de
commencer votre journée, fixez une intention pour l'énergie
que vous souhaitez apporter dans cet espace.

Utilisez des pratiques énergétiques positives

- Allumez des bougies ou de l'encens pour créer une atmosphère apaisante.
- Écoutez de la musique inspirante pour augmenter la vibration de votre espace.
- Ouvrez les fenêtres pour laisser entrer de l'air frais et évacuer l'énergie stagnante.

Erreurs courantes à éviter

Ignorer le désordre
De petites piles de désordre peuvent rapidement s'accumuler et affecter votre énergie. Adressez-les régulièrement pour maintenir un espace clair.

Surcharger votre espace
Trop de décorations ou d'objets peuvent être accablants. Choisissez quelques objets significatifs au lieu de remplir chaque surface.

Négliger le désordre émotionnel
L'espace physique est important, mais n'oubliez pas l'énergie émotionnelle. Lâchez les rancunes, peurs ou négativités qui ne vous servent plus.

Points clés à retenir
Votre environnement joue un rôle crucial dans le soutien de votre parcours de manifestation. Un espace propre, organisé et inspirant élève votre énergie et votre concentration.

Le désencombrement, l'intégration de la nature et l'entourage positif sont des moyens simples de créer un environnement soutenant.

Les personnes dans votre vie ont également un impact sur votre énergie – choisissez des relations qui vous élèvent et vous inspirent.

Évaluez régulièrement et rafraîchissez votre environnement pour garder votre énergie alignée avec vos objectifs.

Votre environnement est un reflet de votre monde intérieur. En créant un espace qui vous inspire et vous soutient, vous vous alignez avec l'énergie de vos désirs. Quel petit changement pouvez-vous apporter aujourd'hui pour améliorer votre environnement ? Commencez dès maintenant et observez comment cela transforme votre état d'esprit et votre motivation.

Chapitre 15 : Créer des Relations Supportives – S'entourer d'Alliés pour la Manifestation

Les personnes avec lesquelles vous vous entourez jouent un rôle important dans votre parcours de manifestation. Des relations positives et soutenantes peuvent vous inspirer, vous motiver et élever votre énergie. En revanche, des influences toxiques ou négatives peuvent drainer votre énergie et semer le doute sur vos rêves.

Dans ce chapitre, nous explorerons comment créer et maintenir des relations soutenantes, vous éloigner de la négativité et créer un réseau d'alliés pour la manifestation.

Pourquoi les Relations Comptent dans la Manifestation

L'énergie est Contagieuse

Les personnes autour de vous influencent votre énergie. Passer du temps avec des individus optimistes et encourageants vous aide à maintenir une haute vibration.

Le Soutien Renforce la Croyance

Les relations soutenantes offrent de l'encouragement et de la confiance, surtout lorsqu'il y a des défis à surmonter.

La Collaboration Crée des Opportunités

Vos connexions peuvent vous mener à des opportunités inattendues, des idées ou des ressources qui s'alignent avec vos objectifs.

Exemple :

Si vous travaillez sur un projet créatif, avoir des amis qui vous encouragent et offrent des retours constructifs vous motive. En revanche, passer du temps avec des personnes qui critiquent ou minimisent vos efforts peut vous faire douter de vous-même.

Comment Créer des Relations Supportives

Identifiez les Influences Positives
Réfléchissez aux personnes de votre vie qui vous inspirent et vous encouragent. Ce sont vos alliés de manifestation.
Qui écoute vos idées sans jugement ?
Qui célèbre vos réussites ?

Cherchez des Personnes Partageant les Mêmes Idées
Rejoignez des groupes, des communautés ou des cours liés à vos intérêts ou objectifs. Vous entourer de personnes sur un chemin similaire crée un réseau soutenant.

Communiquez vos Rêves
Partagez vos objectifs et intentions avec les personnes en qui vous avez confiance. Faites-leur savoir comment elles peuvent vous soutenir.
Exemple : "Je travaille à créer ma propre entreprise. Cela m'aiderait beaucoup si tu pouvais m'encourager quand je me sens incertain."

Fixer des Limites avec les Influences Négatives

Tout le monde ne comprendra pas ou ne soutiendra pas votre parcours de manifestation. Bien que vous ne puissiez pas toujours éliminer la négativité complètement, fixer des limites protège votre énergie.

Comment Gérer les Personnes Négatives :

- **Limiter les Contacts :** Passez moins de temps avec les personnes qui drainent votre énergie ou découragent vos rêves.

- **Rester Neutre :** Évitez les arguments ou de tenter de changer leur point de vue. Concentrez-vous plutôt sur votre propre chemin.
- **Protéger votre Énergie :** Utilisez des affirmations ou des visualisations pour vous protéger de la négativité.
  Exemple : Imaginez une bulle de lumière autour de vous, protégeant votre énergie positive.

Exercice : Évaluer Votre Cercle

Écrivez les noms des personnes avec lesquelles vous interagissez régulièrement.
À côté de chaque nom, écrivez l'une des catégories suivantes :

- **Positif :** Ils vous élèvent et vous inspirent.
- **Neutre :** Ils n'affectent pas fortement votre énergie.
- **Négatif :** Ils drainent ou découragent votre énergie. Réfléchissez à la manière dont vous pouvez passer plus de temps avec les influences positives et moins avec les négatives.

Comment Être un Allié Supportif

Les relations soutenantes fonctionnent dans les deux sens. Pour attirer des connexions positives, vous devez aussi être une source de positivité pour les autres.

Célébrer les Succès des Autres
Soyez sincèrement heureux pour les autres lorsqu'ils atteignent leurs objectifs. Évitez la jalousie ou la comparaison.

Offrir de l'Encouragement
Lorsque quelqu'un partage ses rêves, encouragez-le avec des mots gentils ou des suggestions utiles.

Écouter Sans Jugement

Parfois, les gens ont juste besoin de quelqu'un qui les écoute. Soyez présent et ouvert lorsque des amis partagent leurs pensées ou défis.

Exemple : L'histoire de Jason

Jason avait pour objectif d'améliorer sa santé et de perdre du poids. Au début, certains de ses amis se moquaient de ses nouvelles habitudes, ce qui le décourageait. Il décida de rejoindre un groupe de fitness local où il rencontra des personnes soutenantes ayant des objectifs similaires. Ces nouvelles connexions l'ont motivé à rester sur la bonne voie et il a fini par inspirer ses anciens amis à faire aussi des choix plus sains.

Question de Réflexion : Vos Relations

Prenez un moment pour réfléchir à vos connexions. Demandez-vous :

- Qui dans ma vie m'inspire et me soutient ?
- Y a-t-il des relations qui drainent mon énergie ou créent du doute ?
- Comment puis-je créer des connexions plus solides avec des influences positives ?
  Écrivez vos réponses dans votre journal. Cette réflexion vous aide à identifier les domaines à renforcer ou à changer.

Conseils pour Créer un Réseau Supportif

Assister à des Événements ou Groupes

Cherchez des ateliers, des événements de réseautage ou des communautés en ligne liées à vos objectifs.

Soyez Ouvert aux Nouvelles Connexions
Restez ouvert à rencontrer de nouvelles personnes qui
partagent vos valeurs et aspirations.

Concentrez-vous sur la Qualité, pas sur la Quantité
Quelques relations fortes et positives sont plus précieuses
qu'un grand nombre de relations superficielles.

Exprimer de la Gratitude
Montrez de l'appréciation envers les personnes qui vous
soutiennent et vous élèvent. Un simple merci renforce les
liens.

Erreurs Courantes et Comment les Éviter

Compter uniquement sur les autres pour la motivation
Bien que le soutien soit important, votre motivation doit
aussi venir de vous-même. Utilisez les relations comme un
coup de pouce, pas une béquille.

Ignorer les Modèles Négatifs
Ne négligez pas l'impact des relations toxiques. Abordez-
les ou fixez des limites pour protéger votre énergie.

Négliger votre Rôle
Rappelez-vous que les relations sont à double sens. Soyez
le genre d'ami ou d'allié que vous voulez attirer.

Points Clés à Retenir

- Des relations positives et soutenantes augmentent
  votre énergie et motivation, facilitant la
  manifestation de vos rêves.
- Entourez-vous de personnes partageant les mêmes
  idées qui vous inspirent, vous encouragent et vous
  élèvent.

- Protégez votre énergie en fixant des limites avec les influences négatives.
- Soyez une source de positivité et de soutien pour les autres afin de créer des connexions fortes et mutuellement bénéfiques.

Vos relations sont une extension de votre environnement. En cultivant des connexions qui vous élèvent et vous inspirent, vous créez un réseau d'alliés qui soutiennent votre parcours de manifestation. Qui dans votre vie encourage vos rêves ? Comment pouvez-vous être une source d'inspiration pour les autres ? Commencez dès aujourd'hui et regardez comment ces connexions transforment votre vie et votre énergie.

Conclusion : La Manifestation comme un Voyage Tout au Long de la Vie – Intégrer les Leçons et Aller de l'Avant

Félicitations pour avoir atteint la conclusion de ce livre ! À ce stade, vous avez acquis une compréhension approfondie de la Loi de l'Attraction et de la manière d'utiliser ses principes transformateurs pour manifester la vie dont vous rêvez. De la définition claire de vos intentions à l'adoption de la gratitude, en passant par l'action inspirée et l'établissement de relations de soutien, vous disposez de tous les outils nécessaires pour créer une vie remplie d'abondance, de joie et de sens.

Le Voyage Ne S'Arrête Pas Ici La manifestation n'est pas un événement ponctuel – c'est un voyage tout au long de la vie. Il s'agit de prendre conscience de vos pensées, de vos émotions et de vos actions chaque jour, et de choisir consciemment de les aligner avec vos objectifs et désirs. Ce processus nécessite de la pratique, de la patience et de la confiance dans l'univers.
N'oubliez pas que la Loi de l'Attraction est toujours en action, que vous en soyez conscient ou non. En appliquant constamment les principes que vous avez appris, vous pouvez rester en harmonie avec vos désirs et les attirer dans votre réalité.

Points Clés à Retenir

- **La Clarté est un Pouvoir**
  Définissez clairement ce que vous voulez, pourquoi vous le voulez et comment cela vous fait ressentir. L'univers répond à votre énergie focalisée.

- **Les Émotions et Croyances Façonnent Votre Réalité**
  Cultivez des émotions positives et des croyances qui vous renforcent pour vous aligner avec vos désirs. Remplacez les doutes et croyances limitantes par la confiance et l'estime de soi.
- **Agissez de Manière Inspirée**
  La manifestation est un partenariat entre vous et l'univers. Faites confiance à votre intuition, prenez des mesures significatives, et laissez l'univers gérer le reste.
- **La Gratitude et la Confiance Amplifient Votre Énergie**
  La gratitude maintient votre vibration élevée, tandis que la confiance vous permet de lâcher prise et de laisser l'univers œuvrer selon son propre timing.
- **Entourez-vous de Positivité**
  Votre environnement et vos relations influencent considérablement votre énergie. Créez un espace de soutien et nourrissez des connexions qui vous élèvent.

Les Défis Sont des Opportunités de Croissance Tout au long de votre voyage, vous pourriez rencontrer des défis ou des retards. Ceux-ci ne sont pas des signes d'échec – ce sont des opportunités de croissance et d'apprentissage. Chaque obstacle vous enseigne quelque chose de précieux sur vous-même et vous rapproche de vos objectifs.

Lorsque le doute ou la résistance se manifestent, revenez aux outils et techniques de ce livre. Réfléchissez, recentrez-vous et rappelez-vous que vous êtes capable de manifester tout ce que vous désirez.

Le Pouvoir est en Vous Tout ce dont vous avez besoin pour créer la vie de vos rêves est déjà en vous. La Loi de l'Attraction ne consiste pas à chercher des réponses à l'extérieur de vous-même ; il s'agit de puiser dans le pouvoir infini de votre propre esprit, cœur et âme. Vous êtes le créateur de votre réalité, et vous avez la capacité de concevoir une vie qui s'aligne avec vos désirs les plus profonds.

Vos Prochaines Étapes À mesure que vous avancez, voici quelques étapes pour maintenir l'élan :

- Reprenez ce livre aussi souvent que nécessaire pour renforcer les principes et stratégies.
- Établissez des pratiques quotidiennes telles que l'écriture, la visualisation et la gratitude pour garder votre énergie alignée.
- Continuez à apprendre et à grandir. Cherchez de nouvelles perspectives, expériences et ressources pour approfondir votre compréhension de la manifestation.
- Partagez votre parcours avec les autres. Inspirer et soutenir ceux qui vous entourent crée un effet d'entraînement de positivité et d'abondance.

Mots de la Fin La manifestation est un processus magnifique et responsabilisant qui vous invite à rêver grand, à faire confiance à l'univers et à prendre des mesures audacieuses vers vos objectifs. La vie que vous désirez n'est pas seulement possible – elle attend que vous la revendiquiez. Chaque pensée, émotion et action que vous entreprenez vous rapproche de votre réalité rêvée.

En adoptant les principes de la Loi de l'Attraction, rappelez-vous d'être bienveillant avec vous-même. Célébrez vos progrès, apprenez de vos revers et faites confiance à l'idée que tout se déroule pour votre plus grand bien.

Vous êtes un créateur puissant. Vos rêves sont valides. Et votre potentiel est illimité. Maintenant, il est temps d'avancer avec confiance, joie et confiance. L'univers est prêt – et vous ?

Votre voyage commence maintenant. Rêvez-le. Croyez-le. Manifestez-le.

www.ingramcontent.com/pod-product-compliance
Lightning Source LLC
Chambersburg PA
CBHW031319250726

48656CB00005B/1873